Hagen v. Ortloff

Eisenbahn-Romantik

Hagen v. Ortloff

Eisenbahn-Romantik

Die faszinierende Welt der Schienen

schlütersche

Bibliografische Information Der Deutschen Bibliothek
Die Deutsche Bibliothek verzeichnet diese Publikation in der Deutschen Nationalbibliografie; detaillierte bibliografische Daten sind im Internet über http://dnb.ddb.de abrufbar.

ISBN -10: 3-89993-724-4
ISBN -13: 978-3-89993-724-4

Verlag: Schlütersche Verlagsgesellschaft mbH & Co. KG,
Hans-Böckler-Allee 7, 30173 Hannover

Herausgeber: Hagen v. Ortloff

Lizenziert durch SWR Media Services GmbH

Begleitartikel rund um den SWR finden Sie unter www.swr-shop.de

Koordination:	Benedikt H. Meyer, SWR Media Services GmbH Claudia Flöer, Schlütersche Verlagsgesellschaft mbH & Co. KG Mark Wachsmann, Schlütersche Verlagsgesellschaft mbH & Co. KG
Covergestaltung:	Carsten Knospe, Schlütersche Verlagsgesellschaft mbH & Co. KG
Innengestaltung:	Michael Fröhlich, Hannover
Text:	Hagen v. Ortloff & das Eisenbahn-Romantik Team
Satz- und Lithoarbeiten:	PER Medien+Marketing GmbH, Braunschweig
Druck und Bindung:	Mohn media Mohndruck GmbH, Gütersloh

Inhalt

Vorwort

Hagen v. Ortloff

Mehr als 15 Jahre gibt es jetzt die Sendereihe »*Eisenbahn-Romantik*«. Über 600 Sendungen sind in dieser Zeit über Millionen von Bildschirmen geflimmert. Der Zeitpunkt ist also gekommen, um von den schönsten Bahnen und den interessantesten Strecken auch in Buchform zu berichten.

Regelmäßigen Zuschauern wird der eine oder andere Text durchaus bekannt vorkommen, sind unsere Filmthemen doch Grundlage dieses Buches. So möchten wir den Lesern die Faszination der zahllosen Bahnen in aller Welt nahe bringen.

An dieser Stelle möchte ich der gesamten *Eisenbahn-Romantik*-Redaktion Dank sagen für die Unterstützung, die mir bei der Erstellung dieses Buches zuteil geworden ist. Wir sind nur ein kleiner verschworener Haufen, deshalb kann ich alle Namen nennen: Ione Scheuble, Susanne Mayer-Hagmann, Brigitte Urbicht und Alexander Schweitzer.

Wir hoffen, Sie mit diesem Buch ein wenig in die so vielfältige Welt der Eisenbahn entführen zu können. Vielleicht sind auch Anregungen dabei, die Sie ermuntern, sich persönlich in das eine oder andere Bahnabenteuer zu stürzen. Glauben Sie uns, Sie werden es nicht bereuen.

Jetzt wünschen wir Ihnen viel Spaß beim Schmökern und beim Eintauchen in die faszinierende Welt der Schienen.

Hagen v. Ortloff
& das
Eisenbahn-Romantik Team

15 Jahre Eisenbahn-Romantik

Am 7. April 1991 wird beim Süddeutschen Rundfunk ein Pausenfüller ausgestrahlt, der Furore machen sollte. Thema der Sendung ist die Entgleisung der Dampflokomotive 38 1772 auf der Wutachtalbahn. Dies ist der Beginn einer überaus erfolgreichen Sendereihe im Südwestfernsehen.

Ein echtes Traum-Team in Sachen Eisenbahn (v.l.): Ione Quintha Scheuble, Bettina Bansbach, Alexander Schweitzer, Susanne Mayer-Hagmann, Hagen v. Ortloff.

Vor der Ausstrahlung musste ganz schnell ein Titel für die Sendung gefunden werden. Einem Gedankenblitz ist das griffige *»Eisenbahn-Romantik«* zu verdanken. Den Vorspann entnahm man dem zum Glück nicht gelöschten Rohmaterial eines Abendschaufilms: Es handelte sich dabei um den 90. Geburtstag des »Öchsle«, einer 750-Millimeter-Schmalspurbahn in Oberschwaben. Komplettiert wird der Titel mit nostalgischen Lettern aus dem Schriftenfundus des damaligen SDR und der eingängigen Melodie »Sentimental Journey«.

Aus dem Pausenfüller von damals ist recht bald ein fester Programmbestandteil geworden, vor allem deshalb, weil die elf Sendungen im ersten Jahr bei den Zuschauern sehr gut ankamen. Seit 1993 hat die Sendung einen festen Platz und eine gleich bleibende Länge von 30 Minuten. Seit den späten 90er Jahren wird die Sendereihe auch von anderen Sendern übernommen, was bedeutet, dass jede Folge von *Eisenbahn-Romantik* mindestens achtmal ausgestrahlt wird. Rekordhalter, wie beispielsweise die Filme über den Glacier-Express oder die Eisenbahn in den Rocky Mountains, haben es sogar bis zu 25 Wiederholungen gebracht.

Eisenbahn-Romantik, ein unverzichtbarer Bestandteil der deutschen Fernsehlandschaft.

Eisenbahnfans in aller Welt sehen Eisenbahn-Romantik

Dank des Satelliten Astra wird die Sendung außerhalb von Deutschland in 21 verschiedenen europäischen Ländern empfangen. Die Fanpost zeigt, dass die Bahnfans international sind: von Irland über Schweden, Rumänien, Israel und sogar Malta und Madeira finden sich eisenbahnbegeisterte Zuschauer. Ja, sogar bis in den Iran wird die Sendung ausgestrahlt, wie uns ein Zuschauer mitteilte, der in Kerman, einer Stadt etwa 1000 Kilometer südlich von Teheran, einen Freund besuchte. Freudestrahlend präsentierte dieser ihm seine neue Satellitenschüssel und die zahllosen Programme, und der Gast glaubte seinen Augen und Ohren nicht zu trauen: Die

Musik und das Bild kannte er doch – auf den Bildschirm lief gerade der Titel von *Eisenbahn-Romantik*.

Mit der Themenauswahl der Sendung versuchen wir, einen bunten Strauß aus unterschiedlichen Bereichen der Eisenbahn zusammenzutragen. Dabei geht es um Historisches und Aktuelles, um Menschen und Technisches, um Geschichten aus der Ferne und aus der Region. Die Aufbereitung der Themen erfolgt in der bewährten *Eisenbahn-Romantik*-Manier, einer Mischung aus Unterhaltung und Information. Ziel ist es, die Bedeutung der Eisenbahn für unsere Gesellschaft aufzuzeigen und die Faszination, die noch heute von ihr ausgeht, zu vermitteln.

Geflochten wird ein bunter Strauß ganz unterschiedlicher Bahnthemen.

Das Team der Sendung

Im personellen Bereich gibt es in unserem Team schon seit Jahren (fast) keine Änderungen. Ione Quintha Scheuble ist das Herz und die Seele von *Eisenbahn-Romantik*. Sie hält die Redaktion in Schuss, betreut die Homepage und ist zuweilen auch als Telefon-Seelsorgerin in Aktion. 1986 begann Ione Quintha Scheuble ihre Tätigkeit beim damaligen SWF in Baden-Baden. Zunächst arbeitete sie in der Hörfunk-Redaktion »Fröhlicher Alltag«, dann für die Chefredaktion Politik und anschließend für S4 Baden-Württemberg. Seit 1998 ist sie bei *Eisenbahn-Romantik*. Ihr Beistand in allergrößten Stressmomenten ist das jüngste Team-Mitglied Brigitte Urbicht.

Bettina Bansbach gehört seit 1994 zum Team und ist damit die Eisenbahn-erfahrenste Kollegin in der Redaktion. Sie studierte Grafik-Design in Schwäbisch Gmünd und machte ihr Diplom als Mediendesignerin. Bettina Bansbach hat sich als Filmemacherin einen Namen gemacht, egal, ob sie einen kurzen Magazinbeitrag erstellt oder eine komplette Sendung. Ihre Liebe gilt den Bahnen in der Schweiz: Sie portraitierte u.a. den Glacier-Express, die Rigi-Bahn, die Dampfbahn Furka-Bergstrecke, den Mont-Blanc-, Saint-Bernard- und den Rhône-Express. Aber auch Bahnen im Flachland setzt sie gekonnt ins Bild. Allerdings widmet sich Bettina Bansbach seit zwei Jahren einem ungleich wichtigeren Schwerpunkt, der auf den Namen Sophie hört. Zum Glück kehrt Bettina Bansbach im kommenden Jahr wieder in unsere *Eisenbahn-Romantik*-Redaktion zurück.

Susanne Mayer-Hagmann und Alexander Schweitzer, zwei schwer beschäftigte Autoren und Redakteure, produzieren Eisenbahnfilme fast wie am Fließband. Trotzdem ist ihnen der Spaß an der Sendereihe selbst in den größten Stressmomenten noch nie vergangen. Seit 1998 gehört Susanne Mayer-Hagmann zum Stamm von *Eisenbahn-Romantik*. Ihre absolute Lieblingslok ist die bayerische S 3/6. Kollegen vermuten, dass sogar ein Modell dieser Lok auf ihrem Nachttisch steht. Aber auch Gruben-, Wald- und Schmalspur-Bahnen wurden von ihr schon ins Bild gesetzt. Susanne Mayer-Hagmann ist auch für die Landeskultur und die Redaktion Kultur & Gesellschaft tätig und hat dort u.a. Designer und Jazzmusiker portraitiert. Sie studierte Germanistik, Geschichte und Musikwissenschaft und

Vom Pausenfüller zum Kultprogramm.

spielt seit vielen Jahren begeistert Klavier. Alexander Schweitzer studierte Geschichte und Journalistik. Er arbeitete zunächst beim MDR in der Fernsehforschung. Über die damalige SDR-Geschichtsredaktion gelangte er zu *Eisenbahn-Romantik*: »Ich habe mich sofort sehr wohlgefühlt, und da man mich behalten wollte, bin ich geblieben.« Schweitzer

erstellt am liebsten Berichte über nicht alltägliche Themen. Reizvoll für ihn ist es, das Thema Eisenbahn mit der Geschichte und Kultur einer bestimmten Gegend in Verbindung zu bringen.

Harald Kirchner und Grit Merten sind hauptsächlich in anderen Redaktionen tätig, bei *Eisenbahn-Romantik* sind sie aber immer gern gesehene Produzenten. Das Spezialgebiet von Harald Kirchner sind aktuelle verkehrspolitische Themen. Neben seiner Arbeit bei der *Eisenbahn-Romantik* ist der frühere Student der Philosophie und Germanistik festes Mitglied der Nachrichtenredaktion und betreut auch dort viele Verkehrsthemen.

Grit Merten ist die jüngste Mitarbeiterin von *Eisenbahn-Romantik*. Ihr Spezialgebiet sind die Eisenbahnen in Sachsen.

Hagen v. Ortloff, Erfinder, Leiter und Moderator der Sendung, findet das Thema Eisenbahn nach wie vor faszinierend. Er ist vom Eisenbahnvirus befallen, und das bereits seit 55 Jahren – ohne jegliche Aussicht auf Heilung.

Als kleiner Junge wollte er Lokomotivführer werden, später Diplom-Ingenieur für Verkehrswesen. Nach einigen Staus und Umwegen landete er 1977 beim Süddeutschen Rundfunk; sein erster Beitrag über Eisenbahnen flimmerte ein Jahr später über die Mattscheibe. In der Zwischenzeit sind einige hundert Eisenbahnfilme entstanden.

Unterdessen sind 15 Jahre ins Land gegangen und über 600 Folgen produziert worden, seit die *Eisenbahn-Romantik* 1991 aus der Taufe gehoben wurde. Sie ist zu einem beliebten und unverzichtbaren Bestandteil der deutschen Fernsehlandschaft geworden – Ansporn genug für das Produktionsteam, die Sendungen der nächsten Jahre mit der gleichen Begeisterung und Qualität zu bestreiten.

Zwischengeparkt: Die Mannschaft der Eisenbahn-Romantik wartet bereits auf die nächste Sendung!

Steiermark:
Schmalspurbahnen im Winterdampf

Das Dampfangebot der Steiermark kann sich sehen lassen, und das nicht nur in den Sommermonaten. Auch im Winter sind die Schmalspurbahnen und Dampflokomotiven, teilweise älter als ein Jahrhundert, einen Besuch wert. Allerdings gehört der Betrieb in der kalten Jahreszeit eher zu den Ausnahmen.

Bitterkalt, und dennoch traumhaft – so empfing uns das Wetter in der Steiermark, das uns vier Tage lang begleiten sollte: Temperaturen um die Minus-20-Grad-Marke, dazu blauer Himmel, Sonnenschein und eine Schneelandschaft, wie sie schöner nicht sein kann.

Beginnen wir unsere Reise in dem kleinen Örtchen Weiz, 50 Kilometer nordöstlich von Graz. Hier hat die Feistritztalbahn ihren Ausgangspunkt. Die Gäste werden von zwei Dampflokomotiven und sieben Wagen erwartet, die erstmals im Winter entmottet und für eine Dampffahrt bereitgemacht wurden.

Fotostopp am Grubviadukt

Die Feistritztalbahn zwischen Weiz und Birkfeld kann auf eine wechselvolle Geschichte zurückblicken: Eingeweiht wurde die 24 Kilometer lange Bahnlinie im Dezember 1911. Damals wartete man im Tal ungeduldig auf die Ankunft des ersten Zuges; vor allem die ansässige Wirtschaft war froh, dass ihre Produkte nicht mehr von langsamen Fuhrwerken über unwegsame Wegstrecken transportiert werden mussten. Später wurde die Bahn noch um einige Kilometer bis Ratten verlängert. Kohlen- und Holztransporte sowie der Personenverkehr verschafften der Bahn ein gutes Auskommen.

Bei der Feistritztalbahn, mit der bosnischen Spurweite von 760 Millimetern ausgestattet, handelt es sich um die einzige Privatbahn in Österreich, die ohne staatliche Zuschüsse gebaut worden ist. Sie besticht durch zahlreiche Kunstbauten, wie Tunnels, Brücken und Viadukte. Herausragend ist dabei der Grubviadukt mit seinen 22 Höhenmetern und 276 Metern Länge.

Bei den ganz aus Beton gefertigten Bauwerken handelt es sich um die ersten dieser Art in der Steiermark, schöne Fotomotive, die es wert sind, die Fahrt zu unterbrechen, auszusteigen und zu warten, bis der leere Zug mit voller Kraft über die Brücke dampft – ein Moment, der das Herz jedes Eisenbahnfreundes höher schlagen lässt.

Das Grubviadukt der Feistritztalbahn: 22 Meter hoch, 276 Meter lang und wunderschön anzusehen.

Rettung durch Eisenbahnfreunde

Die Eisenbahn, so schön und romantisch sie uns heute vorkommt, hatte mit riesigen Problemen zu kämpfen. Wie wir wissen, sind viele Bahnlinien heute nur noch Geschichte, und auch mit der Feistritztalbahn ging es ab 1960 bergab: Der Kohlebergbau in Ratten wurde geschlossen, damit fiel der Hauptkunde weg. Mit der Zunahme des Autoverkehrs trug sich auch der Personenverkehr nicht mehr und wurde aufgegeben. Allein der Transport von Talkum zwischen Oberfeistritz und Weiz ist bis heute erhalten geblieben.

Knapp vier Jahrzehnte später, im Jahr 1999, wurde eine neue Betriebsgesellschaft gegründet, die den Personenverkehr von Weiz nach Birkfeld wieder aufgenommen hat. Gerettet wurde die Bahn von begeisterten Eisenbahnfreunden, die ihre Freizeit und ihre Nerven nicht schonten, zum Teil auch den Geldbeutel nicht, und mit Begeisterung viele Hürden aus dem Weg räumten, um die alte Technik der Nachwelt zu bewahren. Zwei Dampflokomotiven machen die Fahrt zu einem wahren Genuss. In den Sommermonaten sind die Dampfrösser mittwochs und an den Wochenenden im Einsatz. Es ist zu wünschen, dass die engagierten Museumsbahner diese sehenswerte Bahnlinie noch lange am Leben erhalten können.

Die Museumszüge der Murtalbahn sind eine Freude für jeden Eisenbahn-Fan.

Unterwegs mit der Murtalbahn

Anders als auf der Feistritztalbahn ist die Murtalbahn auf den 64 Kilometern zwischen Unzmarkt und Tamsweg täglich mit Personen- und Güterzügen unterwegs. Moderne Triebwagen und Dieselloks verrichten die Arbeit. Dampfloks sind nur vor Museumszügen zu bewundern, aber diese verkehren regelmäßig im Sommer. Deren besondere Kennzeichen sind die grünen Räder und Treibstangen.

Nach nur 316 Tagen Bauzeit konnte im Oktober 1894 der erste Zug auf die Strecke gehen. Damals war die Bahn noch 76 Kilometer lang und führte bis Mauterndorf, doch 1980 hat die

MURTALBAHN
STEIRER BAR
MURTALBAHN

Erkennungszeichen der Museumszüge auf der Murtalbahn: die grünen Räder.

Steiermärkische Landesbahn diesen Abschnitt aufgegeben. Er wird heute von Eisenbahnfreunden betreut, die in der Zukunft dort auch wieder mit Dampf fahren möchten.

Die Murtalbahn hatte im Laufe ihres Bestehens unterschiedliche Besitzer, von den kaiserlich-königlichen österreichischen Staatsbahnen über die Murtalbahn Unzmarkt-Mauterndorf AG bis hin zur Steiermärkische Landesbahn. Auch unterschiedliche Fahrzeuge fuhren auf der Strecke, bis hin zu Austro-Daimler-Benzin-Triebwagen in den 30er Jahren, denen aber keine große Zukunft beschieden war. Auch die Zukunft der Murtalbahn war nicht immer rosig. Es gab in den Zeiten der größten Autogläubigkeit Überlegungen, den Personenverkehr auf Busse und somit auf die Straße zu verlagern. Zum Glück konnten sich die Bahnbefürworter durchsetzen. Da auch ein schlüssiges Verkehrskonzept auf den Tisch kam und neue Triebwagen angeschafft wurden, nahm der Personenverkehr auf der Schiene einen ungeahnten Aufschwung: Über 430 000 Personen sind pro Jahr auf der Murtalbahn unterwegs.

Eine europäische Rekordhalterin

Zwischen Graz und Köflach sind die Fahrgäste noch zahlreicher; weit mehr als eine Million kommen pro Jahr. Und noch etwas Hervorstechendes hat diese Eisenbahn zu bieten: Die Dampflokomotive 671 ist eine europäische Rekordhalterin: Sie erblickte das Licht der Bahnwelt, als es noch einen Kaiser gab und die Jahrhundertwende in weiter Ferne lag, wohlgemerkt die vorletzte Jahrhundertwende. Die Lok begann 1860 ihren Dienst und dampft heute, knapp anderthalb Jahrhunderte später, immer noch. 2006 ist sie also 146 Jahre alt und somit das älteste betriebsfähige Dampfross in Europa, das zeitlebens niemals außer Dienst gestellt wurde. Und wie es aussieht, wird sie die Bahnfreunde aus nah und fern noch viele Jahre durch ihren Einsatz begeistern. Immerhin befindet sich Lok 671 im Status eines nationalen Denkmals. Mit einer Geschwindigkeit vom maximal 45 Stundenkilometern zieht das Juwel der Technikgeschichte, eine dreiachsige Lok mit einem markanten Schornstein, durch die verschneite Landschaft, die sie in den Sommermonaten durchschnittlich zehnmal durchquert.

Mit einer Geschwindigkeit von maximal 45 Stundenkilometern zieht das Juwel der Technikgeschichte durch die verschneite Landschaft.

Der Stainzer Flascherlzug

Bei den Dreharbeiten passierte unserem Kameramann etwas, das wir noch nicht erlebt hatten: Als die Temperaturen in Graz am frühen Morgen bei Minus 26 Grad lagen und wir uns dennoch entschlossen, wegen des schönen Wetters im Gepäckwagen mitzufahren – natürlich bei geöffneten Türen –, froren Linse und Objektiv der Kamera ein. Glücklicherweise war die Kamera wieder einsatzbereit, als der

Die Lok 671, die älteste, ununterbrochen betriebsfähige Dampflok Europas.

Stainzer Flascherlzug zur Mittagszeit um die Kurve kam. Das 20 Kilometer lange Schmalspurbähnchen befindet sich im Besitz der Gemeinde Stainz, das die Bahn in Eigenregie betreibt.

Beim Kosenamen des Zuges darf man freilich nicht auf falsche Gedanken kommen. Es handelt sich keineswegs um einen »Saufzug«. Der Name des Zuges stammt aus der Zeit, als Ende des 19. Jahrhunderts in einem kleinen Ort an der Strecke der Wunderdoktor »Höllerhansl« praktizierte. Er stand in dem Ruf, aus dem Urin eines Kranken dessen Krankheit herauslesen zu können. So reisten viele Leute mit der Schmalspurbahn Preding-Wieselsdorf – Stainz an, hatten im Handgepäck ein Flascherl mit Urin und suchten den Höllerhansl auf, daher also die Bezeichnung »Flascherlzug«.

E-Loks von 1914 – Tag für Tag im Einsatz

Eines solch markanten Namens kann sich die Schmalspurbahn zwischen Mixnitz-Bärenschützklamm und St. Erhard nicht rühmen. Dafür sind dort noch E-Loks im Einsatz, die zu den ältesten der Welt gehören. Lok 1 und 2 stammen immerhin aus dem Jahr 1914 und sind immer noch Tag für Tag im Einsatz. Diese schmalspurige zehn Kilometer lange Nebenbahn dient vor allem der Magnesitbeförderung der Firma Veitsch-Radex, in deren Besitz sie sich auch befindet. 1960 wurde der Personenverkehr auf dieser Strecke aufgegeben. Bei unserer Fahrt wurden den-

Der Stainzer Flascherlzug – auf dem Weg zum Höllerhansl.

noch zwei Personenwagen an den Güterzug gehängt, von denen der eine erst in der Nacht vor unserem Besuch fertig geworden war – man transportiert eben nicht nur Güter, man hat auch ein Herz für Eisenbahnfreunde.

Die Olonatalbahn:
Zugfahrt mit Hindernissen

Ab und an stößt man auch in unserer aufgeklärten, entzauberten Welt auf unglaublich klingende Geschichten. Dazu gehört auch die Geschichte der Museumseisenbahn von Mendrisio nach Valmorea, auch als Olonatalbahn bekannt. Sie führt von der Schweiz nach Italien und war kurioserweise die meiste Zeit ihrer Existenz gar nicht in Betrieb.

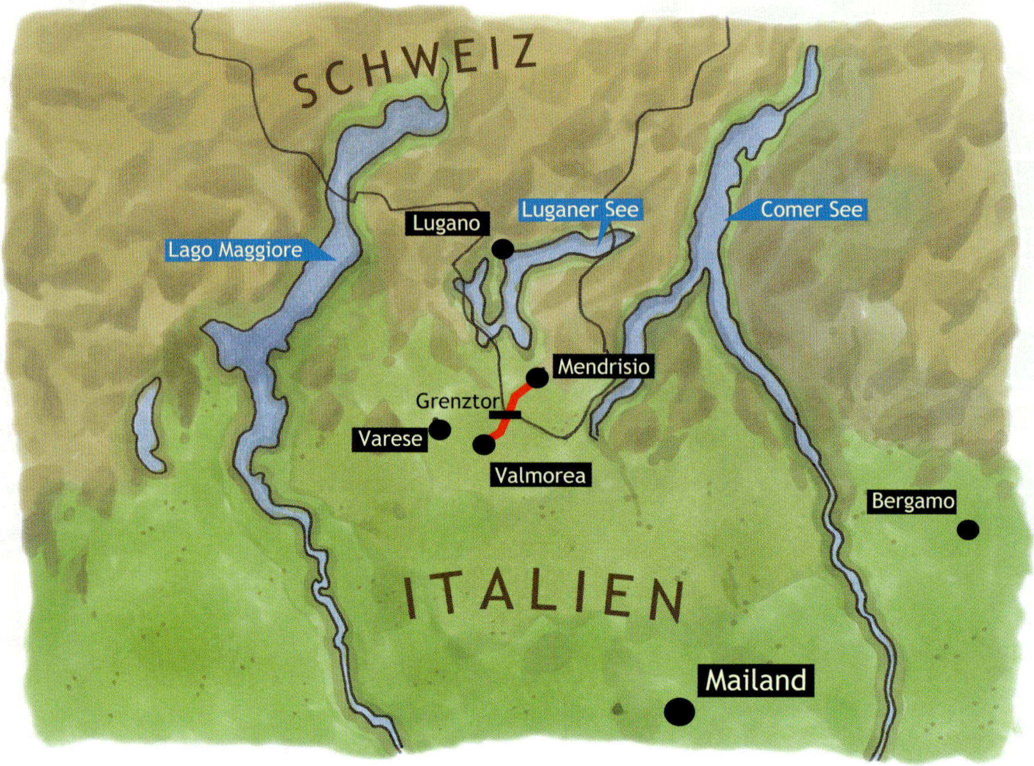

Ende des 19. Jahrhunderts wurden angesichts des wirtschaftlichen Wachstums internationale Eisenbahnverbindungen immer wichtiger, auch im Olonatal. Deshalb drängten italienische und schweizer Unternehmer auf den Bau einer Eisenbahn: Eine Verbindung mit der Gotthardbahn sollte hergestellt werden.

Ein Kuriosum der besonderen Art: das Grenztor der Olonatalbahn.

**Freie Fahrt für die Olonatalbahn –
dem „Club del San Gottardo“ sei Dank!**

1914 war das erste Teilstück fertiggestellt. Doch bedingt durch den Ersten Weltkrieg wurde die Strecke erst Jahre später durchgängig befahrbar – und das nur für ganze zwei Jahre, dann wird die Linie wieder geschlossen. Angeblich verfügte es Benito Mussolini so, daher nennen manche die Strecke auch »Mussolinibahn«.

**Ein Grenztor auf der Bahnstrecke?
Für diesen Lokführer nichts Neues!**

Ein Kuriosum ganz besonderer Art

Die Strecke bietet ein Kuriosum ganz besonderer Art: Mitten auf den Gleisen steht ein Grenztor, das die Durchfahrt eines Zuges unmöglich macht. Und tatsächlich war dieses Tor die meiste Zeit seines Bestehens über geschlossen, nämlich von 1928 bis 1993. Dem Einsatz des »Club del San Gottardo« ist es zu verdanken, dass man nun wieder hindurchfahren kann. Entfernt worden ist das Tor nicht: Jedesmal, wenn ein Museumszug kommt, wird es von einem italienischen Grenzbeamten per Hand geöffnet und, nachdem der Zug passiert hat, wieder geschlossen. Bei der Rückfahrt des Zuges wiederholt sich die Prozedur, das ist der Ablauf nun schon seit gut 13 Jahren – im Zeitalter des Schengener Abkommens, mit dem auf Kontrollen des Personengrenzverkehrs in EU-Ländern verzichtet wird, eine bizarre Einrichtung. Ein kurzer Halt – die Zollformalitäten sind schon vorab geklärt worden –, und schon sind wir in Bella Italia.

Die Strecke wird auch »Mussolinibahn« genannt.

Das Tor geht auf – ab geht die Fahrt!

Seit beinahe anderthalb Jahrzehnten werkeln die Eisenbahnfreunde vom Gotthard-Eisenbahnclub am Ausbau ihrer Touristenbahn. Der Zug besteht aus historischen Wagen Baujahr 1921. Gezogen wird er vom »Tigerli«, einer Dampflok von 1910. Unterstützt wird der »Club del San Gottardo« durch die Provinzen Varese und Como sowie der Region Lombardei. Man hofft, mit der Bahn mehr Touristen in diese entlegene Gegend zu locken. Bislang jedoch endet die Strecke mitten in der Wildnis. Irgendwann soll die Linie bis Malnate führen, aber bis dahin wird das Grenztor auf den Gleisen wohl noch einige Male auf- und zugeschlossen werden.

Das Tor wird für jeden Zug geöffnet und wieder geschlossen.

Die Tenderlok 8501 macht vor keiner Grenze Halt.

La Trochita: der alte Patagonien-Express

Der Name sagt eigentlich schon alles: »La Trochita« bedeutet »die Kleine«, »die Schmalspurige« – eine Eisenbahn, die durch den Süden Argentiniens dampft. Unser Ziel im zweitgrößten Land Südamerikas sind die Provinzen Rio Negro und Chubut, wo zwischen Ingeniero Jacobacci, El Maitén und Esquel die Heimat dieses kleinen Zuges liegt.

1908 beschließt der argentinische Kongress den Bau eines Eisenbahnnetzes in Patagonien zur wirtschaftlichen Erschließung dieser fernen Gegend, doch der Erste Weltkrieg stoppt das Projekt vorzeitig. So endet unter anderem die geplante Linie zwischen Atlantikküste und den Anden schon bei

Kilometer 448. Hier entsteht der Ort Ingeniero Jacobacci, benannt nach einem Bahnpionier aus Italien.

Eine Strecke ins Herz Patagoniens

1934 erst ist Bariloche, die Endstation der neuen Hauptstrecke, erreicht. Das Städtchen liegt in der sogenannten argentinischen Schweiz, eine Tourismus-Adresse ersten Ranges schon seit Beginn des 20. Jahrhunderts. Vor allem die Reichen des Landes verbringen hier ihre Sommer- und Winterferien, und die neue Eisenbahn vereinfacht nun endlich die Anreise auch aus Buenos Aires.

Nun soll von Jacobacci aus eine Nebenstrecke auch in in den Süden stoßen – allerdings, da kostengünstiger, auf einer 750-Millimeter-Spur. Der Trassenbau für La Trochita dauert Jahre und bringt Leben in das einsame Herz Patagoniens. Entlang der Strecke entstehen feste Siedlungen, sogar mit Schulen für die Bahnarbeiter-Kinder.

Im Jahre 1941 erreicht die stolze Schmalspurbahn El Maitén, vier Jahre später hält sie triumphalen Einzug in Esquel, der Endstation nach 402 Kilometern.

Ein literarisches Denkmal für den Patagonien-Express

Eine Fahrt mit La Trochita von Jacobacci nach Esquel ist Abenteuer pur: 14 Stunden lang geht es durch das Hochland Patagoniens, immer entlang der Anden mit ihrem Überzug aus ewigem Eis.

Abenteuerstimmung im Süden Argentiniens – wie hier in El Maitén.

Im Herzen Patagoniens: La Trochita auf der Brücke vor El Maitén.

»Misslungene Soufflés« nennt sie der amerikanische Schriftsteller Paul Theroux, der Ende der 70er Jahre mit ihr fuhr und ihr in seinem Buch *Der alte Patagonien-Express* ein Denkmal setzte.

Anfang der 90er Jahre wird die gesamte Eisenbahn Argentiniens an private Unternehmen übergeben, die hauptsächlich an einem rentablen Betrieb, sprich am Güterverkehr interessiert sind. La Trochita fällt damit sozusagen durch den Rost, denn in einem Landstrich, wo auf einen Quadratkilometer zwei Bewohner kommen, sind Personenzüge nicht unbedingt immer voll. Die kleine Bahn wurde immer mehr vernachlässigt.

In guten Zeiten war in El Maitén nicht nur die ungefähre Mitte der Strecke, sondern auch ihr eisenbahntechnischer Mittelpunkt. Von Anfang an stand hier das Bahnbetriebswerk des alten Patagonien-Express. Über 200 Menschen hatten Arbeit bei der Bahn, El Maitén war eine richtige Eisenbahnersiedlung.

Fester Glaube an die Zukunft

Und heute? Tatsächlich haben sich die Provinzregierungen von Rio Negro und Chubut und ein Freundeskreis dafür stark gemacht, La Trochita als einzigartiges nationales Erbe lebendig zu erhalten.

Als um die Jahrtausendwende sämtliche Räder stillstanden und von einer Perspektive nirgendwo etwas zu sehen war, lebte die Bahn trotzdem weiter: im Ausbesserungswerk von El Maitén. Hier wurden mit dem festen Glauben an eine Zukunft der Bahn weiterhin Loks und Wagen aufgearbeitet, als wäre nichts geschehen.

Bei unserem Besuch im Jahre 2003 scheint es so, als wäre diese Strategie richtig gewesen: Auch wenn es auf dem Bahnhofsgelände ein wenig traurig aussieht, lebt die Bahn langsam wieder auf. Zwar ist der Streckenabschnitt Ingeniero Jacobacci – El Maitén stillgelegt, dafür aber konnten die knapp 170 Kilometer El Maitén – Esquel für den Tourismus gerettet werden.

Zwei Kurztrips mit La Trochita sind möglich: rund 25 Kilometer von El Maitén in Richtung Süden, und knappe 20 Kilometer von Esquel nach Nahuel Pan. Das Gleis dazwischen ist wartungsbedürftig. Irgendwann einmal soll von El Maitén aus die Endstation Esquel wieder erreicht werden, aber in Patagonien man hat es nicht eilig.

Von Anfang an stand in El Maitén das Bahnbetriebswerk des alten Patagonien-Express.

Der Mann mit der Gitarre

Die drei Tage, die wir in El Maitén verbringen, werden uns lange in Erinnerung bleiben: die herrliche Umgebung, in der der kleine Ort liegt, die klare Luft, die Menschen mit ihrer Liebenswürdigkeit. Eine Übernachtung in einem bescheidenen, aber sauberen Zimmer kostete nur fünf Dollar, mit Frühstück für drei Personen inklusive. Hier scheint man mit wenig zufrieden, die Uhren laufen langsamer.

Am Bahnhof treffen wir Pedro wieder, den Mann, der mit seiner Gitarre die Züge verabschiedet. Er stand schon 1990, als wir zum ersten Mal den Patagonien-

Express filmten, im Bahnhof und ist glücklich darüber, dass die Eisenbahn wenigstens ein kleines bisschen wieder ins Rollen gekommen ist.

Maschinen aus Europa und Nordamerika

Noch immer sind die Maschinen im Einsatz, die 1922 bei Henschel in Kassel und bei Baldwin in Philadelphia für das weit entfernte Patagonien gebaut wurden. Sie sind heizölbetrieben und auf den kurvigen Strecken Südamerikas leicht zu handhaben.

Ihre Höchstgeschwindigkeit beträgt 75 Stundenkilometer, aber nur auf dem Tacho – mehr als 40 Stundenkilometer sind aus den Maschinen auch beim besten Willen nicht mehr herauszuholen, und das ist auch nicht nötig – Hauptsache, sie fahren. Personen- und Güterwagen kamen aus Belgien, und auch sie rollen teilweise heute noch.

Seit Schaffung der Nebenstrecke werden in der Betriebswerkstatt von El Maitén alle Loks, Güter- und Personenwagen teil- und generalüberholt. Von einst hundert Leuten arbeiten hier noch 13. Von ehemals 24 Loks werden noch vier gewartet, und von über 50 Henschelloks, die insgesamt nach Argentinien kamen, sind hier noch zwei in Betrieb.

Die Zukunft von La Trochita

La Trochita war einst die Verbindung zur großen Kapitale und das wichtigste Transportmittel im Süden Argentiniens. Seit gut zehn Jahren hat »die Kleine« nur noch touristische Bedeutung; im Augenblick zwar nur mit einem recht dürftigen und unregelmäßigen Fahrrhythmus, aber immerhin. An Besuchern mangelt es das ganze Jahr über nicht, doch eine Werbekampagne soll den Zug zusätzlich für

Endstation Esquel: Die Fahrt mit La Trochita geht hier zu Ende.

Charterfahrten, Gruppenreisen und Trips mit individueller Gestaltung interessant machen.

Auf lange Sicht ist geplant, das Bahnbetriebswerk in El Maitén in ein Technikmuseum Patagoniens zu integrieren und das Bahnhofsgelände von Esquel in einen historischen Eisenbahnpark umzugestalten.

Die Schmalspurbahn hat einst Patagoniens sprödes weites Land mit Leben erfüllt. Mancher Ort verdankt ihr seine Entstehung, mancher Patagonier seinen Job. Jetzt ist es an Patagonien, dafür zu sorgen, dass der kleine Zug auch in Zukunft am Leben bleibt.

Und wenn der Zug mit Volldampf durch die braune Hochebene Patagoniens dampft, umrahmt von hohen schneebedeckten Bergen, angestrahlt von der südlichen Sonne, und mit lauten Pfiffen seiner Lebensfreude Ausdruck verleiht, dann ist man sich fast sicher, dass die Geschichte von La Trochita noch lange nicht zu Ende ist.

Die Strasburg Railroad: auf der Road to Paradise

Im Südosten des US-Bundesstaates Pennsylvanias liegt ein kleines Städtchen, das die Herzen aller Eisenbahnfans höher schlagen lässt: In Strasburg, hundert Kilometer westlich von Philadelphia gelegen, befindet sich die älteste noch in Betrieb befindliche Eisenbahnlinie der USA.

Als 1832 die Bahnbauer ins Land kamen, erhielt auch Strasburg Anschluss an das damals noch weitmaschige, aber immerhin schon über 1000 Meilen zählende amerikanische Eisenbahnnetz. Und da auf einem Teilstück der Strasburger Strecke jetzt immer noch Züge fahren, kann sich die Strasburg Railroad damit rühmen, die älteste noch in Betrieb befindliche Eisenbahnlinie der USA zu sein.

Eine Nacht in ausrangierten Waggons

Wer sich vorerst ein wenig stärken möchte, kann dies im ersten Gasthaus am Platze tun, das auf den Namen »Iron Horse« lautet. Eine originelle Übernachtungsmöglichkeit bietet das »Red Caboose Motel«: 30 umgebaute Caboose-Wagen, sogenannte Begleitwagen, laden zur bahnfan-gerechten Nachtruhe ein.

Das Motel entstand 1970, als der Eisenbahnfreund und Wagensammler Donald M. Denlinger die Idee hatte, das Angenehme mit dem Nützlichen zu verbinden und die ausrangierten Wagen in U-Form auf einem Feld nahe der »Road to Paradise« zu platzieren.

Die Idee war von Erfolg gekrönt, die Cabooses sind ausgelastet. Natürlich ist die Inneneinrichtung der früheren Begleitwagen den Erfordernissen der Gäste angepasst worden: Es gibt einen Schlafraum mit zwei Stockbetten, Dusche, Toilette und einen großen kombinierten Wohn-Schlafraum – erstaunlich, wie viel Platz ein kleiner Caboose bietet.

Wenigstens eine Nacht sollte man sich in dieser Unterkunft gönnen, auch wenn die Stockbetten einen gewissen Jugendherbergs-Charme versprühen. Rot sind die Waggons allerdings nicht mehr, wie der Name des Motels vermuten lässt, denn die Wagen sind vor ein paar Jahren in ganz unterschiedliche Farbkleider geschlüpft.

Zwei Museen für Modelleisenbahnfans

Wenn die Nacht vorüber ist, wartet nur ein paar Schritte entfernt von den Cabooses das Toy Train Museum auf seine Gäste. Amerikanische und europäische Modellbahnhistorie begegnet einem hier auf Schritt und Tritt, in zahllosen Vitrinen und auf insgesamt acht Anlagen fahren Loks und Wagen in unterschiedlichen Baugrößen an den staunenden Besuchern vorbei.
Auf halbem Weg zwischen Museum und Ortskern, Entfernung ungefähr eine halbe Meile, sollte man es auch nicht versäumen, einem weiteren Museum, dem »Choo Choo Barn«, einen Besuch abzustatten. Dieses Gebäude beherbergt eine Spur-0-Modellbahnanlage, deren Anfänge beinahe 50 Jahre zurückliegen und die zum Feinsten gehört, was die animierte Modellwelt zu bieten hat – vor allem, weil sich in der »Eisenbahnscheune« die Bahnwelt ganz ohne Elektronik bewegt.

Eine kurze Fahrt ins Paradies

Wenn man dann in der Strasburg Railroad selbst sitzt, vorzugsweise im Speisewagen von 1920, ergibt der Text im Begleitprospekt plötzlich einen Sinn, dort ist nämlich zu lesen: »Wer mit der Strasburg Railroad fährt, befindet sich auf der ›Road to Paradise‹.« Wobei man »Paradies« wörtlich nehmen kann, denn die Gleise der Strasburg Railroad enden tatsächlich in einem kleinen, wenn auch unscheinbaren Ort namens Paradise.

Die Bahnreise selbst ist nicht sonderlich lang. Nach einer Dreiviertelstunde sind die fünf Kilometer nach Paradise und retour zurückgelegt. Aber die Fahrgäste, die in Scharen aus den USA, aber auch aus Übersee kommen, sind zufrieden; 450 000 pilgerten im vergangenen Jahr zur Strasburg Railroad.

Einen Steinwurf vom Bahnhof entfernt trifft man auf das Pennsylvania Railroad Museum, das 1977 errichtet wurde. Das größte Museum des Bundesstaates gibt einen umfassenden Einblick in die Bahngeschichte Pennsylvanias mit dem Schwerpunkt auf der Pennsylvania Railroad, die eine Zeitlang die weltgrößte Bahngesellschaft war. Über hundert Ausstellungsstücke in den Hallen und auf dem Freigelände erzählen von einer ruhmreichen Bahnvergangenheit, ohne die es die heutigen Vereinigten Staaten nicht geben würde. Für den Rundgang durch das Museum reicht ein Tag eigentlich nicht aus; die Menge an Ausstellungsstücken, Informationen, Lektüre und Randnotizen aus der Welt der Bahnhistorie ist einfach zu umfangreich.

Keine Dampflok ohne Glocke

Was man dort über die amerikanische Eisenbahn erfährt, ist verblüffend. Beispielsweise waren die frühen Gleise auf amerikanischem Boden noch aus Holz, wurden nach vielen Gleisbrüchen und Entgleisungen aber recht schnell durch Metallgleise ersetzt.

Unter den Gästen befinden sich viele Kinder und Schulklassen, die eine spezielle Führung erhalten, die sie anschaulich in die Welt ihrer Groß- und Urgroßeltern einführt.

Wenn sich die Kinder etwa als Glöckner versuchen dürfen, lernen sie ganz nebenbei, dass jede amerikanische Dampflokomotive seit 1839 mit einer Glocke ausgerüstet sein muss: Nach mehreren schweren Unfällen an Bahnübergängen hatte der Staat Massachusetts damals dieses Gesetz erlassen.

Eine schwimmende Lokomotive

»John Bull«, die älteste noch betriebsfähige Lokomotive der Welt, ist ebenfalls im Railroad Museum in Strasburg zu Hause, allerdings nur ihr Nachbau.

Das Original der Lokomotive steht im Smithonians National Museum of American History in Washington, D. C., und gehört immer noch nicht zum alten Eisen, ebenso wenig wie »John Bull II«, wenn die beiden heute auch nur noch selten angeheizt werden.

Da werden Eisenbahner-Träume wahr: Die Road to Paradise.

Glocken sind auch heute noch auf allen amerikanischen Lokomotiven anzutreffen, doch dabei ist Glocke nicht gleich Glocke. Im Laufe der Bahngeschichte und natürlich abhängig vom Loktyp gab es leichte Glocken, die knapp einen halben Zentner wogen, aber auch sehr schwere Klangkörper mit über zwei Zentnern Gewicht.

Das erste Stahltier mit einer Glocke auf den Kessel hieß »Patriot« und fuhr bereits 1835.

Ein paar Meter weiter steht eine Güterzuglok, die ein Jahr nach ihrer Entstehung eine ungewöhnliche Reise machte: Bei der sogenannten »Johnstone-Flut« im Mai 1888, die über 2000 Menschen das Leben kostete, wurde diese Maschine mehr als einen Kilometer von den Fluten mitgerissen. Doch das war nicht ihr Ende, sondern der zweite Beginn eines ungewöhnlich langen Arbeitslebens. An des-

„John Bull“ im Pennsylvania Railroad Museum: die älteste, betriebsfähige Lok der Welt.

sen Ende wurde sie noch einmal komplett aufgearbeitet, war sie nun ja die älteste Dampflok der Pennsylvania Railraod und repräsentierte auf der Weltausstellung 1940 in New York die gute alte amerikanische Bahnzeit.

Goldene Zeiten für Amerikas Eisenbahn

Pennsylvania war jahrzehntelang der Nabel der Bahnwelt: In beinahe jeder Familie des zweiten amerikanischen Bundesstaates war mindestens ein Mitglied bei der Bahn oder in der Zulieferindustrie beschäftigt, und reiche Kohlevorkommen und Stahlwerke stellten die besten Voraussetzungen für eine erfolgreiche Bahnentwicklung dar.

Große Lokfabriken waren über das ganze Land verteilt. »Pennsy«, wie die Pensylvania Railroad auch liebevoll genannt wurde, war eine Zeit lang die größte Eisenbahngesellschaft der Welt. Mehr als 200 000 Mitarbeiter standen zeitweise bei dieser Firma in Lohn und Brot. Doch irgendwann hatte man den Anschluss verschlafen und setzte zu spät auf Dieselloks. Hinzu kam der Bau von Autobahnen quer durch das Land und der Beginn des Düsenzeitalters. Managementfehler hätten später fast das Aus bedeutet, dann folgte die Fusion mit der New York Central, die kurz darauf in der Pleite endete. Heute ziert der Namenszug »Pennsylvania« traurigerweise nur noch Modellloks oder die Fahrzeuge im Museum.

Mit viel Herzblut im Einsatz

Die Strasburg Railroad dagegen ist nach wie vor quicklebendig. Das war allerdings nicht immer so. Auch mit der ältesten Bahnlinie der Vereinigten Staaten ging es nach dem Zweiten Weltkrieg bergab. Als ihr Ende nicht mehr aufzuhalten war, scheuten Anfang der 60er Jahre einige Bahnenthusiasten weder Kosten noch Mühe, um die Bahnlinie für einen Museumsverkehr wieder auf die Beine zu bringen. Dies ist gelungen und vor allem dem Engagement der Eltern des heutigen Chefs der Bahnlinie, Jeff Moedinger, zu danken.
Es sind tolle Typen, die auf der Strasburg Railroad ihren Dienst tun, Eisenbahner wie Freiwillige, und allen gemeinsam ist die Liebe zu ihrer Eisenbahn. Ein freiwilliger Mitarbeiter muss an dieser Stelle unbedingt erwähnt werden: Andy Sellers, ein Unikum, der im Führerstand seines geliebten Dieseltriebwagens sitzt und über dessen Geschichte referiert. Er ist

keineswegs Triebwagenfahrer, sondern Hals-Nasen-Ohrenarzt in Philadelphia.

Andy kann sich nichts Schöneres vorstellen, als jeder Minute seiner freien Zeit auf der »Road to Paradise« zu verbringen, am liebsten mit einem uralten Triebwagen, der im Jahr 1885 gebaut wurde, damals noch als Schmalspurfahrzeug mit der Spurweite von drei Fuß.

Die Wagenkastenfront erinnert dabei ein wenig an ein Fischerboot. Und das ist nicht falsch, denn die Aufbauten wurden damals tatsächlich in einer kleinen Werft gefertigt. Es war eine Zeit, in der die Werften froh um jeden Auftrag waren – klar, dass der Triebwagen auch von einem Schiffsmotor angetrieben wurde. Das Fahrzeug hat überlebt, weil seine Rundumsicht aus ihm ein Inspektionsfahrzeug gemacht hat. 1917 wurde der Triebwagen auf Normalspur umgebaut.

Diese mitreißenden Geschichten erzählt Andy Sellers in einer Weise, als wäre er selbst dabei gewesen. Wenn der Triebwagen einmal Pause hat, sitzt Andy auch gern am Regler einer Dampflokomotive. Dort kann er allerdings nicht so viel erzählen, weil die Fahrgäste nicht auf dem Führerstand mitfahren dürfen.

Das nächste Jahr hält für die Strasburg Railroad ein besonderes Jubiläum bereit: 2007 feiert die älteste Eisenbahn der Welt Geburtstag und wird 175 Jahre alt – und wir sind sicher, dass noch jede Menge Jahre hinzukommen werden.

Dr. Andy Sellers vor „seinem“ Dieseltriebwagen.

China:
Abschied vom Dampflokzeitalter

Dampfparadies – so wird China bis heute von vielen Eisenbahnfans genannt. Doch das Zeitalter der Dampfloks, die jahrzehntelang treu ihren Dienst versehen haben, geht unwiderruflich zu Ende.

Unser Besuch beginnt vor den Toren der Hauptstadt Peking mit der chinesischen Mauer. Ihre heutige Gestalt erhielt die damals massivste Verteidigungsanlage der Welt während der Ming-Dynastie zwischen 1368 und 1644. Wie viele Millionen von Steinen dort übereinander getürmt sind, weiß niemand genau. Mit all ihren Biegungen und Abzweigungen ist die Mauer insgesamt etwa 6 500 Kilometer lang, Weltkulturerbe und größtes Bauwerk der Erde.

Eine Reise in ein vergangenes Zeitalter: Sonnenuntergang im „Dampfparadies".

Wenn man auf ihr unterwegs ist, hat man den Eindruck, sie bestehe nur aus Stufen. Doch der schweißtreibende Aufstieg lohnt sich: Endlich oben angekommen bietet sich ein atemberaubender Ausblick auf die Bergwelt nordwestlich von Peking. Dunst und Abenddämmerung geben der Landschaft einen fast melancholischen Anstrich.

Doch eigentlich sind wir ja auf der Suche nach den Dampfloks ins Reich der Mitte gekommen. Wir erreichen den Hauptbahnhof Pekings, dessen imposante Silhouette aus Glühbirnen in die Nacht leuchtet. Von hier aus geht es zunächst mit dem Nachtzug über 700 Kilometer in Chinas Nordosten.

Mit der Dampflok in die Kohlengrube

Dort, genauer gesagt in Fuxin, wollen wir ein Kohlerevier besuchen, die größte Kohlengrube Chinas, die im Tagebau betrieben wird, 150 Quadratkilometer groß und über 300 Meter tief. Und hier begegnen wir unserer ersten chinesischen Dampflok, einer Maschine vom Typ SY. Erst seit kurzem gibt es auch für Touristen die Möglichkeit, in die Grube einzufahren, mit zwei umgebauten Güterwagen und einem Begleitwagen. Insgesamt müssen sechs Spitzkehren durchfahren werden, bis der tiefste Punkt der Strecke erreicht ist. Unsere Reise geht nicht ganz so weit abwärts, dennoch können wir den Abbau des schwarzen Goldes und die Verladearbeiten gut beobachten.

Die Lok, die uns hierher geführt hat, ist eine zugkräftige »Mikado«-Maschine mit der Nummer 0911. Normalerweise muss sie im täglichen Einsatz hauptsächlich vor Bauzügen schuften. Die normalen Kohle- und Leerzüge werden von E-Loks gezogen, richtigen grünen Grubenkrokodilen, die wegen der engen Kurven dreigeteilt fahren.

Noch ein kurzer Blick auf die Strecke, Schichtwechsel, Feierabend. Und auch unser Aufenthalt in der Grube geht zu Ende. Wünschen wir der neuen Museumsbahn viel Erfolg und noch jede Menge Dampfwolken im dunstigen Sonnenlicht.

Diesel statt Dampf

Unsere nächste Station ist der Bahnhof von Diaobingshan, rund 300 Kilometer westlich von Fuxin. Von hier geht es weiter in das Kohlegebiet von Tiefa, dessen Gleisnetz ungefähr 80 Kilometer umfasst.

Pekings Hauptbahnhof bei Nacht.

Zweimal am Tag herrscht hier hektisches Treiben: Immer dann, wenn Züge aus drei unterschiedlichen Richtungen fast zeitgleich in den Bahnhof einfahren und Unmengen von Fahrgästen ausspucken, einmal morgens und einmal abends.

Die chinesische Mauer ist Weltkulturerbe und größtes Bauwerk der Erde.

Noch bis ins Frühjahr 2006 waren hier sämtliche Züge mit Dampfloks bespannt, und Diaobingshan galt als wichtige Station für die Dampftouristen in der Inneren Mongolei. Seither sind die alten Loks durch dieselbetriebene Maschinen abgelöst und dienen jetzt nur noch als Reserve und Schmuckstücke im neugegründeten Museumsbetrieb. Unser Museumszug besteht aus drei vierachsigen Wagen: einer komplett aufgearbeiteten Holzklasse, einem Barwagen und einem Wagen mit Kunststoffsitzen und Dieselmotor für die Zugheizung. Die neue Bahngesellschaft ist dabei, ein Museum aufzubauen und einen regelmäßigen, musealen Dampf-

betrieb einzurichten: Vier betriebsfähige Dampfloks sind bereits in ihrem Besitz, und wenn alles gut geht, sollen noch einmal zehn hinzukommen. Ein Spruch der neuen chinesischen Museumsbahngesellschaft lautet:
»Locomotive retired gloriously, but alive in tourism«. Frei übersetzt heißt das, die Dampflok hat ihre Schuldigkeit als Arbeitsmaschine getan und frisst nun ihr Gnadenbrot vor Museumszügen.

Die faszinierende Bahnwelt Chinas mutet so aufregend wie exotisch an – das ist schon eine weite Reise wert!

Das Kohleherz der Inneren Mongolei

Den Dampflokomotiven am legendären Jingpeng-Pass, wo sich bis vor kurzem noch der »Dampfolymp« befand, ergeht es ähnlich. Die 943 Kilometer lange JiTong-Linie in das Kohleherz der Inneren Mongolei wurde erst 1995 eröffnet. Da die chinesische Staatsbahn zu diesem Zeitpunkt einen Dampfloküberschuss zu verzeichnen hatte und auf dieser Strecke starke Zugmaschinen gebraucht wurden, konnten um die hundert Dampfloks eine zweite Karriere starten; die Dampfwelt war um eine Attraktion reicher. Bahnliebhaber aus aller Welt haben sich zehn Jahre lang an der Ji Tong-Linie von Jining nach Tongliao den Dampf um die Nase wehen lassen – vor allem auf ihrem Herzstück, dem Jingpeng-Pass.
Die Lokomotiven, die den Jingpeng-Pass hinauf- und hinunterschnaufen, werden »QJ« genannt, das für Qianjin steht und so viel bedeutet wie »großer Sprung vorwärts« oder einfach nur »Fortschritt«. Sie sind mit 3000 PS Leistung die größten in China gebauten Dampfloks. Seit 1956 haben an die 5 000 Exemplare dieses Typs die Lokschmiede von Datong verlassen.

Ursprünglich waren sie auf der gesamten Ji Tong-Linie anzutreffen. Jedoch wurden mit fortschreitender Elektrifizierung der chinesischen Hauptstrecken immer mehr Dieselloks frei, die Stück für Stück den dampfenden »Fortschritt« ablösten. Seit 2004 ist auch die Passstrecke verdieselt nur auf den 150 Kilometern zwischen Daban und Chabuga dampft es noch.

Doch kurz bevor die schweren Dampfloks eingemottet werden, möchten wir sie ein letztes Mal im Planeinsatz erleben, mit einem Dampfzug den Jingpeng-Pass überqueren und in Daban das letzte große Dampfbetriebswerk der Welt sehen, bevor das Aus für die Dampfzeit auf dieser Magistrale unmittelbar bevorsteht.

Das größte Dampfbetriebswerk der Welt

Als wir in Daban ankommen, taucht die Nachmittagssonne das ganze Betriebswerk in ein goldenes Licht und verbreitet

Die Loklegende QJ unter Volldampf.

eine unwirkliche Atmosphäre. Hier sind die letzten Dampfjumbos der Inneren Mongolei beziehungsweise Chinas, ja mehr noch, der ganzen Welt versammelt, im größten Dampfbetriebswerk der Erde. Noch im Jahr zuvor standen hier dreißig QJs unter Dampf, doch nun herrscht Endzeitstimmung. Alles wird verkauft, Souvenirjäger erstehen Mützen, Lokschilder, Dampfpfeifen, Manometer, Werkzeuge, einfach alles.

Früh am Morgen des 17. Novembers 2005 machen wir uns auf den Weg. Die Sonne versteckt sich noch tief hinter den Bergen, es ist kalt und der Himmel klar. Erstmals nach einem Jahr tritt heute ein Dampfzug seine Reise über den legendären Jingpeng-Pass an. Es ist ein besonderer, ein historischer Termin: der letzte planmäßige Personenzug über den Pass unter Dampf.

Über den Jingpeng-Pass

An der Spitze des Zuges stehen, Tender an Tender, zwei Dampfrösser der Gattung QJ mit den Betriebsnummern 7038 und 7119. Das Lokpersonal besteht aus dem Lokführer, er sitzt links, und zwei Heizern auf der rechten Seite, denn die Maschinen in China sind für Linksverkehr ausgerüstet. Unser Zug kämpft sich nach oben, die Steigung der östlichen Passauffahrt, der so genannten »Ostrampe« hinauf. Dabei blasen die beiden Dampfloks riesige weiße Wolken in den klaren herbstlichen Himmel.

Im Bahnbetriebswerk Daban.

Gute Fotomotive geben der Viadukt von Galadesidai, der Bahnübergang bei San Di oder die Einfahrt in den Scheiteltunnel auf 1500 Meter Höhe ab, dem höchsten Punkt der Strecke. Auch in dieser abgelegenen Gegend treffen Tradition und westlicher Lebensstil aufeinander. Während die älteren Chinesen mit ihren Mao-Anzügen noch dem Bild entsprechen, das wir seit Jahrzehnten von der Volksrepublik China haben, sieht es bei den jüngeren Leuten ganz anders aus: Wir begegneten etwa einer jungen Frau, die auf einer Heugabel Mist über die Straße trug – in Jeans und Stöckelschuhen.

Endstation bzw. Wendepunkt unserer Dampfreise ist die Stadt Jingpeng. Ausgesprochen wird sie offiziell »Tsingpong«, aber seit englische Bahnfans vor zehn Jahren ihre eigene Version kreierten, hat sich diese bei den Bahnfans in aller Welt durchgesetzt. Jingpeng ist eine moderne Stadt voller Leben: Fliegende Händler prägen das Stadtbild, Verkäufer von kandierten Früchten sind ebenso zu finden wie mobile Fahrradwerkstätten. Nach kurzem Aufenthalt geht die Fahrt wieder zurück. Zum allerletzten Mal fährt der dampfende Personenzug über den Pass, nun über die westliche Rampe.

100 Dampfloks starteten eine zweite Karriere.

Mittlerweile haben sich die Dampfwolken verzogen. Was bleibt, sind die Erinnerungen an eine kurze, aber große Bahnepoche in der Inneren Mongolei. Der »Fortschritt« ist am Ende: Ein Jahrzehnt hielten die Dampfjumbos QJ die Eisenbahnfreunde in Atem und ließen die Zeit stillstehen. Jetzt ist ihre eigene abgelaufen, denn auch China ist in der Moderne angekommen. Für Dampfloks ist kein Platz mehr, obwohl die feurigen schwarzen Drachen den Tourismus in dieser Gegend spürbar belebten. Nur die Kohlezüge donnern weiter über die Gleise, beinahe im Zwei-Stunden-Takt, mit manchmal über hundert Wagen, doch gezogen werden sie nun – von Dieselloks.

Leider bereits Vergangenheit: Dampf am Jingpeng-Pass.

Elsass:
der Bummelzug von Abreschviller

»Chauffer la machine!«, »Heizt die Maschine an!« – so lautet der Ruf zu einer Fahrt mit der kleinen Museumsbahn im lothringischen Abreschviller, einem kleinen Städtchen am Westhang der Vogesen mit typisch französischem Flair.

Das »Zugpferd« der Museumsbahn ist eine nach ihrem Hersteller Jung aus dem deutschen Jungenthal benannte Dampflokomotive. Sie wird uns auf eine romantische Reise ins Tal von Abreschviller mitnehmen, einem beliebten Ausflugsziel für Franzosen und Deutsche gleichermaßen, 80 Kilometer von Saarbrücken und 60 Kilometer von Straßburg entfernt. Hauptattraktion der Gegend ist neben Natur pur eine Fahrt auf der sechs Kilometer langen Museumsbahnstrecke, jeden Samstag und Sonntag zwischen Ostern und Ende Oktober. Die Spurweite der Bahn beträgt 700 Millimeter.

Vor der Stillegung bewahrt

Früher lagen in den Wäldern unterhalb des Donon-Massivs fast 100 Kilometer Gleise für Holzschlagarbeiten. Angefangen hatte es 1884 mit einer fünf Kilometer langen Strecke, die die damals noch deutsche Forstverwaltung bauen ließ. Achtzig Jahre lang waren hier Dampf- und Dieselloks im Einsatz, und wo die Bahn nicht hinkam, zog man die Stämme auf eigens angelegten Schlittenwegen an die Strecke.

1964 wurde die Waldbahn aufgrund geringer Ausbeute und moderner Transportarten eingestellt und größtenteils verschrottet. Aber schon vier Jahre später, am 1. Juni 1968, ging die Museums-Waldbahn auf Jungfernfahrt. Die ACFA«, die »Association du chemin du fer d'Abrechviller«, hat ein Stück Geschichte der waldreichen Gegend wiederbelebt.

Die Vereinigung der Museumsbahn zählt 30 aktive Mitglieder, darunter sind zwei Festangestellte, der Rest besteht aus Ehrenamtlichen. Als der Verein seine Arbeit aufnahm, fand er eine fast unzerstörte Infrastruktur und neben Lok- und Wagenschuppen auch eine komplett eingerichtete, funktionstüchtige Werkstatt vor.

Die Museumsbahn lädt zu einer romantischen, sechs Kilometer langen Reise durch das Tal von Abreschviller ein.

Mit Volldampf durch den Wald.

Manchmal geht es auch mit Dieselkraft in den Wald.

Hier werden die Dampf- und Dieselloks und die Wagen gewartet, alle nötigen Reparaturen ausgeführt und aufwändige Restaurationsarbeiten vorgenommen. Die Waldbahn von Abreschviller lebt, und ihre Beliebtheit spiegelt sich in den Besucherzahlen wider: Schon weit über eine Million Fahrgäste haben sich von der Schmalspureisenbahn verzaubern lassen.

Schiffshebewerke und Glasmanufakturen

Von Abreschviller aus geht die Fahrt langsam ansteigend hinein in das liebliche

Waldtal der Roten Saar. Ganz in der Nähe befindet sich eine der größten Touristenattraktionen der Gegend, das Schiffshebewerk von Saint-Louis/Arzviller am Rhein-Marne-Kanal. Der Schrägaufzug wurde 1968 gebaut, um die Binnenschifffahrt wirtschaftlicher zu gestalten, denn früher mussten Lastkähne die vier Kilometer lange Strecke mithilfe von 17 Schleusen bewältigen: eine Fahrt, die damals einen ganzen Tag in Anspruch nahm. Heute dauert der Weg von der lothringischen Hochebene hinab ins Elsass damit nur noch vier Minuten. Das Schiffshebewerk in Saint-Louis/Arzviller ist das einzige in Europa, das in Querbauweise errichtet wurde, das heißt, die Schiffe werden nicht in Fahrtrichtung, sondern quer zur Zugrichtung gezogen. Die Steigung beträgt 41 Prozent und überwindet einen Höhenunterschied von 44,55 Metern.

Nicht nur die Dampflokomotiven der Waldbahn üben ihre Faszination aus. Eine ganz andere Art von Magie geht von den Öfen der Glasmanufakturen der umliegenden Gegend aus. Dort ist eine Tradition beheimatet, die schon seit dem 15. Jahrhundert im Tal von Abreschviller gepflegt wird, die Kristallbläserei. Die Natur liefert Sand, Farn und Holz, die natürlichen Materialien für die Glasgewinnung, die ansässige Handwerker mit seit Generationen überlieferter Kunstfertigkeit weiter verarbeiten.

Die Kristallbläserei wird schon seit dem 15. Jahrhundert im Tal gepflegt.

In der offenen Holzklasse »bummeln« die Reisenden durch Lothringens Wälder.

Eile mit Weile

Es ist eine Fahrt, bei der man sich wunderbar entspannen, gleichzeitig aber auch in Ausstellungen, Museen und im alten Bahnbetriebswerk eine ganze Menge über die Lebens- und Arbeitsweise vergangener Generationen erfahren kann. Da die Höchstgeschwindigkeit unserer Dampflok bei maximal 25 Stundenkilometern liegt, gilt ein gepflegtes »Eile mit Weile«. Und nach rund einer halben Stunde erreicht man auch sein Ziel: Wenige

»Chauffer la machine!« – »Heizt die Maschine an!«

Meter oberhalb des Weilers Grand Soldat fährt die Lok in die Endstation ein. Sie hat jetzt einen Höhenunterschied von 44 Metern bewältigt und an die 250 Kilo Kohle verbraucht. Und für die Gäste ist die Waldbahn-Vergangenheit wieder lebendig geworden.

Touristenattraktion am Rande der Bahnstrecke: das Schiffshebewerk von Saint-Louis/Arzviller.

Der TEE: einmal Ontario Northland und zurück

Es ist etwa 50 Jahre her – VW hat eine Million Käfer abgesetzt, Krupp konstruiert die Baureihe 10, die letzte deutsche Schnellzugdampflok, ein neues Kürzel prägt die Zukunft Europas: EWG, die Europäische Wirtschaftsgemeinschaft, Vorläufer von EU und Euro. Die Bahn ergänzt diesen Begriff um drei weitere Buchstaben, die schnell zur Legende werden: TEE.

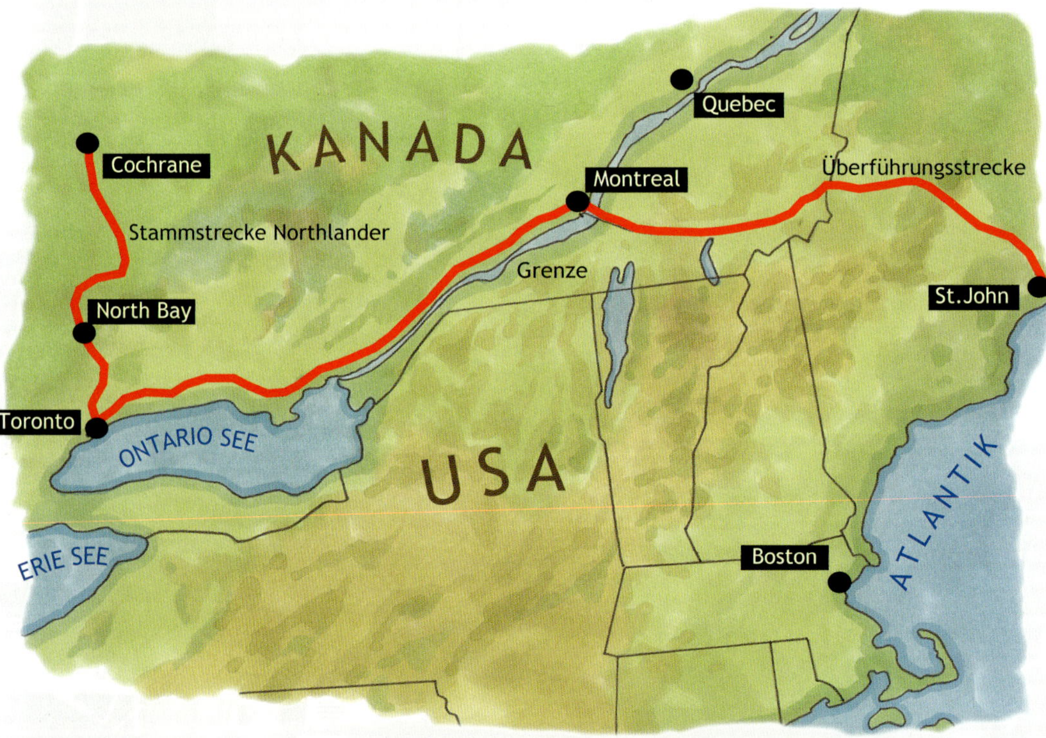

Diese hochmodernen, komfortablen vierteiligen Triebzüge, eine niederländisch-schweizerische Gemeinschaftsproduktion, nehmen 1957 zwischen Amsterdam und Basel ihren Dienst auf – in fünf Garnituren, jeweils bestehend aus einem dieselelektrischen Maschinenwagen, einem Speise-, einem

Abteil- und einem Steuerwagen. Der TEE ist modern, hat einen hohen Komfort wie Klimaanlage, Zugtelefon und ein vorzügliches Speisenangebot, außerdem sieht er gut aus. Mit den Zügen knüpfen die europäischen Bahnen wieder an die Tradition des komfortablen Reisens vor dem Zweiten Weltkrieg an.

Neue Aufgaben für den TEE

1974, nach 17 Dienstjahren und vier Millionen Kilometern, fährt der TEE aufs Altenteil. Als Belohnung für die geleistete Arbeit erhält er eine Renovierung von Grund auf – und das Ticket für eine Atlantiküberquerung: 1977 finden vier TEE-Garnituren einen kanadischen Besitzer: die ONR, die »Ontario Northland Railway«. Fortan sind die Triebzüge als »Northlander« zwischen Toronto und dem 800 Kilometer entfernten Cochrane unterwegs.

Die Fahrzeit beträgt flotte zehneinhalb Stunden – wenn die Technik mitmacht, denn der harte kanadische Winter ist Gift für die empfindlichen Motorwagen. Ausfälle sind an der Tagesordnung. Um diesem Missstand ein Ende zu setzen, werden die Motorwagen durch »richtige« Dieselloks ersetzt, Loks der Bauart FP7.

Insgesamt 15 Jahre lang ist der »T-Train«, wie der Triebwagenzug in Kanada auch genannt wird, in Ontario unterwegs. Doch Anfang 1992 wird er auch in Kanada in Pension geschickt, wo er vorerst vergeblich auf seinen dritten Frühling hofft. Jahr um Jahr steht er auf einem Abstellgleis in Northbay im Freien und kann seinem Nachfolger zuschauen, denn den »Northlander« gibt es weiterhin: als Wagenzug. Zeitweise mit der legendären FP7 an der Spitze.

Begegnungen auf dem „Altenteil“: Northlander in North Bay.

Diese Maschine, von Eisenbahnfreunden aufgearbeitet, zieht nun Mitte der 90er Jahre den Northlander von Toronto nach Cochrane. Auf den ersten Blick merkt man nicht, dass es nicht mehr die alten TEE-Wagen sind. Die Farben der Lok lassen die Northlander-Legende, so wie wir sie kennen, einfach weiterleben. Wer einmal das Glück hatte, im tiefen kanadischen Winter mit dem Northlander zu fahren oder ihm bei strahlendem Sonnenschein mit dem Fotoapparat begegnet, für den hat das Ontario Northland und der Northlander für immer einen besonderen Stellenwert.

Zurück nach Europa

Derweil verharrte die Triebgarnitur bereits im fünften Winter in der Kälte. Die Hoffnung, dass unser Northlander noch einmal in Betrieb genommen würde, war gleich Null. Aber so unglaublich es klingt, es geschah doch. Kurt Doebeli vom Club »TEE-classic«, ein Eisenbahnnarr mit einem besonderen Faible für den Northlander, konnte nicht tatenlos zusehen, wie eine Legende verkam. Er kratzte seine letzten Franken zusammen, putzte Klinken bei Sponsoren und schaffte es tatsächlich, fünf Wagen zu erwerben, die von North Bay aus in einer abenteuerlichen Rückholaktion wieder nach Europa zurückgebracht wurden.

Anno 1998 ging es von North Bay, Ontario, über 2000 Kilometer auf dem Schienenweg an den Atlantikhafen St. John in New Brunswick. Die Fahrt über Toronto und Montreal verlief nicht immer reibungslos. Zuerst war der Northlander Teil eines Güterzuges. Da er hinter der Lok hing und nicht, wie es logischer gewesen wäre, am Zugende, waren an ihn wiederum viele Güterwaggons angehängt, was seine Kupplung über Gebühr belastete. Zwangsbremsungen waren die Folge, Halte auf freier Strecke, auszutauschende Kupplungen – es gibt keine Hürde, an der der Northlander nicht hängen blieb. Zu guter Letzt wurde er sogar vom Zug abgehängt. Mehr als ein Satz Nerven und einige Dollars für eine Ersatzlok waren

Einfahrt in den Bahnhof North Bay.

Unterwegs im kanadischen Winter.

notwendig, bis er schließlich in St. John eintraf – glücklicherweise noch rechtzeitig, denn das Schiff nach Europa lag nur gut zwei Tage im Hafen.

Rückkkehr mit Hindernissen

Der Northlander kam mit dem letzten Sonnenstrahlen in St. John an, keine zwölf Stunden später ging es an Bord. Allerdings in kleinen Schritten: Wagen für Wagen wurden auf einem Tieflader verstaut und verladen. Eine Prozedur, die manchmal einer Millimeterarbeit glich und einen ganzen Tag in Anspruch nahm. Endlich stand er gut festgezurrt im Bauch der »Princess«, bereit für die Rückreise über den Atlantik nach Europa. Gut gelandet in Hamburg hätte es eigentlich gleich im Schlepp durch Deutschland weitergehen sollen, doch fast wäre die Heimreise am Hafen zu Ende gewesen: Die kanadischen Achsen entsprachen nicht dem deutschen Regelwerk, somit war eine Weiterfahrt unmöglich.

1974 erhält der TEE das Ticket für eine Atlantiküberquerung.

Nach einiger Zeit war aber auch diese Klippe durch Austausch-Achsen umschifft, und der Northlander konnte nach gut vier Wochen in Richtung Süden zu einem großen Eisenbahntreffen gezogen werden. Beim Aufenthalt in Hamburg sind ihm freilich einige farbige Ergänzungen zuteil geworden, auf die er sicher gern verzichtet hätte.

Von North Bay wird der TEE in einer abenteuerlichen Rückholaktion nach Europa zurückgebracht.

Ein unsicheres Schicksal

Über Nürnberg kommt der Northlander nach Heilbronn ins Süddeutsche Eisenbahnmuseum. Dort ist für mehrere Jahre sein neues Zuhause, bis er den Museumsbetreibern im Weg steht. Die Zukunft sieht nicht besonders gut aus: Findet sich kein Käufer, führt der letzte Weg des Northlanders zum Schneidbrenner. Dieses drohenden Schicksals wegen hatte man ihn ja seinerzeit von Ontario zurück nach Europa gebracht! Schon mehrfach war der Northlander Thema in der Sendereihe *Eisenbahn-Romantik*, für viele Bahnfreunde ist er wegen seiner außergewöhnlichen Geschichte eine Legende. Es wäre jammerschade, dass alle Erhaltungs-

Verladung in St. John.

mühen umsonst waren und der Northlander nun doch sang- und klanglos von der Bildfläche verschwindet. Doch dann erreicht uns die glückliche Nachricht: Am 27. April 2006 sind die letzten verbleibenden fünf TEE-Wagen nach Holland verkauft worden. Die Stiftung TEE Nederland ist neuer Besitzer und hat die Wagen Ende Juni 2006 in seine neue Heimat überführt – der dritte Frühling für diesen weitgereisten Zug kann wohl doch noch beginnen.

Die Oberweißbacher Bergbahn: ein Kleinod im Thüringer Wald

Am nördlichen Rand des Thüringer Waldes liegt das Städtchen Rottenbach. Hier, etwa 55 Kilometer südlich von Erfurt, im »grünen Herzen Deutschlands«, beginnt unsere Reise in der Schwarzatalbahn. Ziel ist ein kleines Juwel, die Oberweißbacher Bergbahn – wobei die beiden Bahnen zusammen gehören.

Zu DDR-Zeiten war Thüringen nach der Ostsee das wichtigste Urlaubsgebiet. Rottenbach war damals Umschlags- und Knotenpunkt der Bahnstrecken Saalfeld – Erfurt und Rudolstadt – Katzhütte.

Neben den vielen Personenzügen war auch der Güterverkehr für den Holz-, Glas-, Porzellan- und Kohletransport von großer Bedeutung, oft hatten die Eisenbahner mit den schweren Güterzügen zu kämpfen: Die Kohle aus Russland war nicht immer die allerbeste, und auch der Zustand der Strecke hätte besser sein können.

Im Mai 2000 fuhr wegen oberbautechnischer Mängel und zu wenigen Fahrgästen der letzte Zug. Eine umfassende Erneuerung der Strecke stand an, und für die Modernisierung der Infrastruktur schoss der Freistaat Thüringen mehr als sechs Millionen Euro zu. Eine Tochter der Deutschen Bahn, die Oberweißbacher Berg- und Schwarzatalbahn, kurz OBS, wurde gegründet, um den Betrieb wegen der überregionalen Bedeutung langfristig zu sichern.

Seit Ende 2002 ist nun alles einschließlich der Trasse erneuert. 28 Mitarbeiter hat die Bahn heute, allerdings gibt es nur noch Personal im Zug. 400 Personen sind täglich wieder mit ihr unterwegs, angestrebt wird eine Fahrgastzahl von 500. Im Stundentakt rollen die Besucher durchs Schwarzatal.

Ein Wartesaal für den Fürsten

Das Schwarzatal zählt zu den landschaftlich schönsten Gebieten des Thüringer Waldes. Neben Wanderern kommen hier vor allem auch Eisenbahnfans voll auf ihre Kosten. Nach gut sieben Kilometern erreicht der Zug das knapp 400 Meter

Mit dem Dampfzug durch das Schwarzatal, das „grüne Herz Deutschlands“.

hoch gelegenen Schwarzburg. Vom Bahnhof hat man einen herrlichen Blick auf die reizvolle Umgebung und die Schlossruine, einst Stammsitz der Fürsten zu Schwarzburg-Rudolstadt.

Wo sich Fürsten wohlfühlten, machten auch Reichspräsidenten gerne Urlaub: Im Sommer 1919 weilte Friedrich Ebert mit seiner Familie in Schwarzburg. Was vielleicht nicht jeder weiß: Friedrich Ebert unterschrieb in Schwarzburg die Weimarer Verfassung. So wurde der Grundstein der ersten deutschen Demokratie also hier im Thüringer Wald gelegt.

Von der Schlossruine hat man einen großartigen Blick auf den oberhalb gelegenen Bahnhof Schwarzburg. Er ist das aufwendigste Empfangsgebäude an der Schwarzatalbahn, früher gab es sogar einen eigenen Wartesaal für den Fürsten, doch heute geht es etwas weniger feudal zu. Im Bahnhof Schwarzburg befindet sich auch ein kleines Museum. Ein Verein kümmert sich hier um die Geschichte der 1900 eingeweihten Schwarzatalbahn. Und die ist sehr interessant, denn über den genauen Verlauf der Strecke wurde Jahrzehnte lang gerungen, bevor man mit dem Bau begann.

Der Ort Sitzendorf gilt auch als Geburtsstätte des Thüringer Porzellans. Seit 1760 wird hier weißes Gold hergestellt. Noch heute werden in der Sitzendorfer Porzellanmanufaktur filigrane Kostbarkeiten angefertigt. Bis 1970 versorgte eine Dampfmaschine die Porzellanmanufaktur mit Strom. 1982 wurde sie endgültig stillgelegt, doch bis heute ist sie ein Blickfang. Auch das Heizhaus hat längst ausgedient; Gebäude und Schornstein stehen unter Denkmalschutz und liegen direkt an der Schwarza, die von mehreren Eisenbahnbrücken überquert wird.

Eine Bergbahn mit besonderem Antrieb

Nach etwa 15 Kilometern Fahrt auf der Schwarzatalbahn steigen wir um in die Oberweißbacher Bergbahn. Die Station liegt in 340 Metern Höhe, gebaut wurde sie in den Jahren 1920 bis 1923, heute ist sie ein Denkmal. Mit 250 Promille Steigung zählt die Oberweißbacher Bergbahn zu den steilsten der Welt.

Einmaliger Antrieb

Auch die Bergbahn ist komplett modernisiert und seit Ende 2002 praktisch wie neu, mit einem Antrieb, der europaweit einmalig ist: Die Antriebsscheiben sind quer zur Förderrichtung angeordnet.

In Mittenwalde bei Berlin wurde der Personenwagen rundum mit Edelstahlblech versehen und mit einer Elektrospeicherheizung ausgerüstet, und das mehr als 80 Jahre alte Fahrgestell wurde im Schweizerischen Thun bei einer Seilbahnfirma gründlich erneuert. Die Fahrzeuge konnten nicht vor Ort aufgearbeitet werden, da neue EU-Richtlinien für Standseilbahnen modernste Sicherheitstechnik erfordern. Außerdem müssen die Fahrzeuge heute vom Fahrbegleiter gesteuert werden können, da der Maschinist weggefallen ist.

Ursprünglich wurde die Oberweißbacher Bergbahn für den Güterverkehr gebaut. Mit ihr können – und das ist einmalig – auch normalspurige Eisenbahnwagen transportiert werden. Die Bergbahn trägt

„Heute" trifft „damals": Der Museumszug und der reguläre Triebwagen auf der Schwarzatalbahn.

Die spektakuläre Einfahrt der Oberweißbacher Bergbahn in Lichtenhain.

auch den stolzen Titel »steilste Bahn der Welt für Normalspurwagen«. Regelmäßigen Güterverkehr gibt es zwar seit 1966 nicht mehr, aber noch heute ist ab und zu eine Güterbühne im Einsatz, beispielsweise, wenn Fahrzeuge der Flachstrecke im Tal gewartet wurden und nun wieder auf die Hochebene müssen. Die Güterbühne steht in einer Grube, in deren Verlängerung ein Normalspurgleis zur Drehscheibe liegt. Auf der Bühne befindet sich ein 8,5 Meter langes Gleisstück, auf das der zu transportierende Wagen mit einem Seil gezogen wird. Fahrzeuge bis zu einem Gewicht von 27 Tonnen können so nach oben transportiert werden. Nachdem das Fahrzeug befestigt ist, geht die Fahrt auf den 1800 Millimeter breiten Bergbahngleisen los. Obwohl die Bahn für den Transport von Gütern entwickelt wurde, hatten die Erbauer schon 1923

Reichspräsident Friedrich Ebert unterschrieb in Schwarzburg die Weimarer Verfassung.

deren touristischen Wert im Blick. Deshalb wurde sie von Anfang an auch für die Personenbeförderung ausgelegt, auch wenn zunächst nur der Gütertransport Gewinn brachte. 1924 sind es 73 000 Fahrgäste, einen sensationellen Besucherrekord erlebte die Bahn 1981 mit 480 000 Personen.

Noch heute werden in der Sitzendorfer Porzellanmanufaktur filigrane Kostbarkeiten angefertigt.

Steil- und Flachstrecken

Nach der Überwindung von 323 Höhenmetern erreicht die Güterbühne die Bergstation Lichtenhain. Sie liegt auf 663 Metern Höhe und ist Endpunkt der Steilstrecke. Da er zugleich auch Beginn der Flachstrecke der Bergbahn ist, kann man durchaus von einer weiteren Besonderheit sprechen, denn beides, Steil- und Flachstrecke, ist als eine Eisenbahnstrecke konzessioniert. Kaum oben angekommen, werden die Güter mittels einer Drehscheibe wieder aufs richtige Gleis gestellt.

Nur noch Erinnerung: der Schienenbusbetrieb.

Auf der Hochfläche verkehren diese Triebwagen von Lichtenhain bis Cursdorf – im Sommer wie im Winter.

Von Lichtenhain führt die Flachstrecke noch bis in das 2,5 Kilometer entfernte Cursdorf. Triebwagen der Baureihe 479 sind hier eingesetzt. Sie wurden extra für diese Strecke gebaut und haben eine Höchstgeschwindigkeit von 30 Stundenkilometern. Drei Exemplare gibt es von ihnen. Man mag an die Berliner S-Bahn denken, denn die Triebwagen haben fast die gleiche Farbgebung. Das mag daran liegen, dass die Fahrzeuge 1970 in Berlin-Schönweide umgebaut wurden.

Olitätenhändler und Kindergärten

Einst galt der Thüringer Wald als eines der Armenhäuser Deutschlands. Früher verdienten die Menschen hier ihr Geld mit sogenannten Olitäten, allen Arten von Ölen, Essenzen, Kräuterlikören und Duftwässern, welche in den Waldgegenden des Thüringer Schiefergebirges als Arzneimittel und Parfüm hergestellt und von herumziehenden Händlern, den so genannten Buckelapothekern, europaweit vertrieben wurden. Die Kräuter transportierten sie in Ranzen auf ihrem Rücken – einige liefen sogar bis nach Russland. Und so trägt die Hochfläche noch heute den Beinamen »die Raanz«.

In Oberweißbach gibt es übrigens ein kleines altes Pfarrhaus, in dem ein Museum untergebracht ist: 1782 wurde hier Friedrich Wilhelm August Fröbel geboren. Der Pädagoge und Pestalozzi-Schüler begründete eine Kulturpädagogik, die sich vor allem Kindern im Vorschulalter widmete: Ein mathematisch aufgebautes Spielgartensystem sollte den Kindern ermöglichen, durch ein selbstständiges Spielerlebnis Erkenntnisse zu gewinnen. Den ersten »allgemeinen deutschen Kindergarten« eröffnete Fröbel 1840 im thüringischen Bad Blankenburg.

Zehn Minuten nach der Abfahrt erreicht unser Triebwagen den Endbahnhof Cursdorf. Hier endet unsere Reise mit der Oberweißbacher Berg- und Schwarzatalbahn, eine Eisenbahnfahrt durch einen vielfältigen und geschichtsträchtigen Landstrich.

Die La-Mure-Bahn: von Kohle und bösen Geistern

925 Meter über dem Meer, im Süden des Departements Isère, liegt die Hochebene von La Mure. Die Gegend, auch als Matheysine bekannt, ist so schön wie die La-Mure-Bahn, die durch grandiose Landschaften dort hinaufführt.

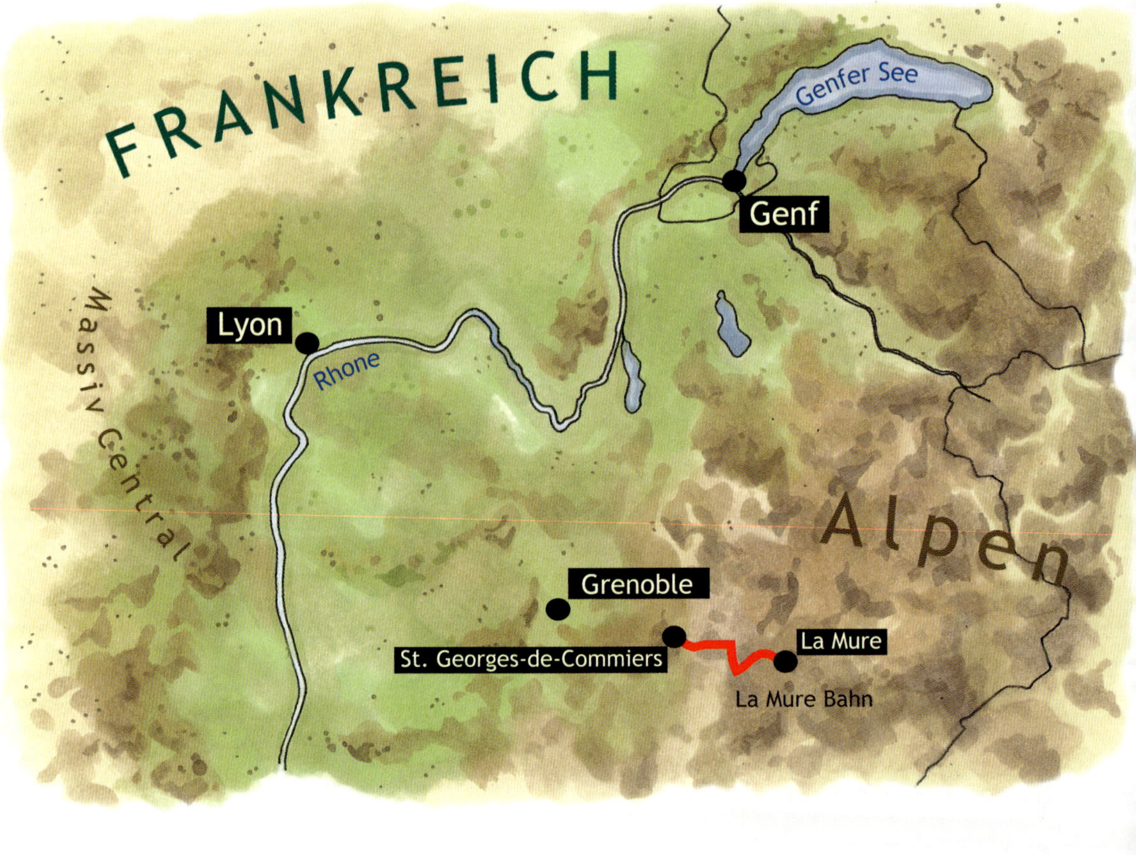

Auge, was willst du mehr: freier Blick auf eine traumhaft Landschaft.

St-Georges-de-Commiers, Ausgangspunkt der La-Mure-Bahn, liegt etwa 20 Kilometer südöstlich von Grenoble in der Dauphine. Nach einer knapp zweistündigen Fahrt erreicht der Zug das 560 Meter höher gelegene La Mure.

Bevor die Bahn touristisch genutzt wurde, diente sie dem Kohlentransport. Man entdeckte Anthrazit, das einen hohen Heizwert aufweist. Da unbefestigte Straßen aber einen Transport in entferntere Gebiete nicht zuließen und es nur in der Umgebung verkauft werden konnte, entschloss man sich zum Bau einer Eisenbahn, um mit anderen Kohlenzechen konkurrieren zu können. Wegen der ungewöhnlichen Topografie und der damit verbundenen hohen Kosten entschied man sich für eine Schmalspurweite von 1000 Millimetern. Beim Bau der Strecke half die französische Armee mit; mit Granaten wurden die senkrechten Felswände gesprengt, um der Trasse Platz zu machen.

Die erste Bahn mit Hochspannungs-Gleichstrom

Schon bald nach der Eröffnung der Bahn stellte die Betriebsleitung fest, dass der Zugverkehr seine Leistungsgrenze erreicht hatte. Mehr als 17 Fahrten hin und zurück waren am Tag nicht möglich. Eine neue Antriebstechnik musste her: 1903 wurde die Strecke auf Hochspannungs-Gleichstrom mit 2400 Volt umgestellt. Sie war damit die erste Bahn der Welt, die mit Hochspannungs-Gleichstrom funktionierte, denn bis dahin waren lediglich 600 Volt üblich gewesen. Es wurde extra ein Kraftwerk gebaut, um die Strecke mit Strom zu versorgen, und 1912 war die Elektrifizierung abgeschlossen.

1888 fuhr hier der erste Zug. 100 Jahre lang transportierte er Kohle von La Mure nach St. Georges-de-Commiers. 1988 wurde die Bahn stillgelegt – der Transport per Lastwagen war billiger.

Böse Geister im Innern des Berges

1989 setzte der Tourismusbetrieb ein, und seither fahren die Züge im Sommer dreimal am Tag in jede Richtung. Die

Lokomotive stammt aus den Secheron-Werken in Genf. Anfang der 30er Jahre gebaut, leistet sie 920 PS. Die Geschwindigkeit passt sich der Gegend an, mit 30 Stundenkilometern zuckelt die La-Mure-Bahn durch eine atemberaubende Landschaft: Der »Viaduc de Vaulx« ist mit einer Länge von 170 Metern längster Brückenbau der Bahnlinie, 150 Meter unterhalb der Trasse glänzt der Stausee von Notre-Dame de Commiers.

Man reist gemütlich und hat Zeit, auch, um Geschichten zu erzählen: Einer Sage nach leben im Inneren der Erde böse Geister und Drachen. Sie verfolgen die

Die Bahnstrecke führt zwischenzeitlich mitten durch ein Dorf – die La-Mure-Bahn zum Greifen nah!

Die gemütliche Reise des roten Zuges führt über zahlreiche Steinbogenbrücken.

Bergleute, die im Berg Kohle abbauen. Doch keine Angst, bisher ist noch jeder der jährlich 60 000 Eisenbahntouristen wieder heil aus dem Tunnel herausgekommen.

Beim Bau der Strecke sprengte die französische Armee die senkrechten Felswände mit Granaten.

Endbahnhof ist heute La Mure. Früher konnte man hier noch weiterfahren. 1932 wurde die Linie nach Corps und der Zweig nach Valbonnais eröffnet, doch schon damals zeichnete sich auch in dieser entlegenen Region die Konkurrenz durch das Auto ab, und so wurde 1950 der Personenverkehr eingestellt, nur Bergarbeiterzüge fuhren noch bis 1962. Und so sind die Personenwagen noch in einem guten Zustand, obwohl sie aus der Zeit zwischen 1915 und 1927 stammen – wahre Kleinodien, mit denen jeder Eisenbahnfan unbedingt gefahren sein sollte.

Die Hedjazbahn: die Bahn des Propheten

Eine Reise mit der legendären Hedjazbahn ist fast wie ein Märchen aus Tausendundeiner Nacht. Die Strecke folgt ungefähr der alten Pilger- und Karawanenstraße von Damaskus nach Medina, der »Stadt des Propheten«.

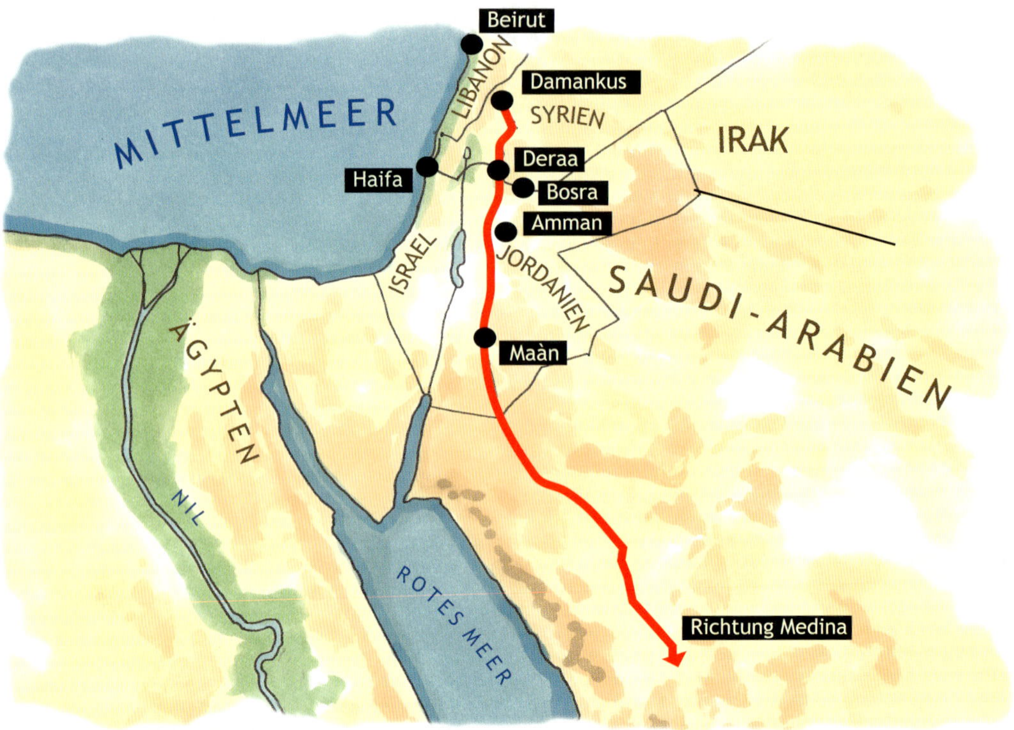

Als Ganzes ist die Hedjazbahn längst nicht mehr vorhanden, aber ihr Mythos ist noch mancherorts spürbar. Wir wollen verschiedene Teilstrecken durch Syrien und Jordanien erkunden. Ausgangspunkt der Hedjazbahn ist Damaskus, die Hauptstadt Syriens. Sie gilt als eine der ältesten Städte der Welt und ist seit jeher Drehscheibe des Handels und Verkehrs im Orient. Ihre Altstadt wurde 1979 zum Unesco-Weltkulturerbe erklärt.

Tamarindensaft und Rosenwasser

In den Gassen der Altstadt herrscht dichtes Gedränge. Wer sich in dem heißen Klima erfrischen möchte, kann dies mit Tamarindensaft und Rosenwasser tun. Inmitten der Stadt liegt der alte Hedjazbahnhof, erbaut um 1910 in einer Stilmischung aus westlichen, osmanischen und damaszenischen Elementen.

Bevor es losgeht, statten wir dem Ausbesserungswerk Cadem in Damaskus einen Besuch ab, das wohl einen der größten Dampflokfriedhöfe Arabiens beherbergt. Die Werkstatt mit ihren alten Maschinen und Werkbänken sieht aus wie ein Technikmuseum. In den 30er Jahren wurden hier die Loks auf Ölfeuerung umgebaut, und bis heute hat sich an den Arbeitsplätzen so gut wie nichts verändert. Bereits sechs Jahre nach der Inbetriebnahme der Hedjazbahn sollen von 96 Loks nur noch 15 einsatzfähig gewesen sein.

Wer heute als Eisenbahnfreund nach Syrien kommt, hat sich in aller Regel einer Gruppe angeschlossen. Es gibt Reiseveranstalter, die auf Bahnreisen spezialisiert sind und außergewöhnliche Bahnerlebnisse wie z. B. die Fahrt mit der Hedjazbahn im Angebot haben. Wir wollen eine Gruppe mit 30 Teilnehmern begleiten, die nicht nur mit der Eisenbahn fahren, sondern diese auch ins Bild setzen will – Foto-Safaris dieser Art erfreuen sich wachsender Beliebtheit.

Der ehrwürdige Hedjazbahnhof in Damaskus.

Der Auftakt zu unserer Reise gestaltet sich für das Team von *Eisenbahn-Romantik* etwas schwierig: Die Zollbeamten auf dem Flughafen in Damaskus weigern sich nämlich zunächst, uns trotz Botschaftspapiere mit unserer Ausrüstung durchzulassen. Offenbar zählt hier ein Papier von der syrischen Botschaft in Berlin nicht sehr viel. Den ersten halben Tag verbringen wir mit Herumstehen und Telefonieren. Am Schluss müssen 800 Dollar Kaution bezahlt werden, erst dann kann das Eisenbahnabenteuer beginnen.

Hinauf ins Gebirge

Unser Zug ist mit doppelter Dampfkraft unterwegs: Die vordere Lok stammt aus der Schweizer Lokschmiede SLM in Winterthur und ist hundert Jahre alt. Fast ebenso betagt ist die Lokomotive hinten am Zug, sie stammt aus Sachsen. Mit bis zu 26 Promille Steigung windet sich die Strecke hinauf ins Antilibanongebirge. Die

Trasse gehört eigentlich nicht zur Hedjazbahn, hatte aber bei deren Bau eine große Bedeutung. Da viele Materialien mit der Bahn vom Beiruter Hafen nach Damaskus transportiert werden mussten, entschied man sich neben Kostengründen nicht zuletzt dieser Strecke wegen bei der Hedjazbahn für eine Schmalspurweite von 1050 Millimeter.

In Mismijah steht unser erster Sonderzug auf der Hedjazbahn. Er wird von zwei sächsischen Hartmann-Lokomotiven mit Baujahr 1906 und 1918 gezogen, die seit dieser Zeit in Syrien fahren und leider nicht mehr in der besten Verfassung sind. Der Lokführer Abu Ahmad erzählt uns, dass sich der Zustand der Maschinen stark verschlechtert habe, weil es keine Wartung mehr gebe. Früher habe man dafür noch arabische Experten gehabt, jetzt seien zwar neue Teile vorhanden, aber niemand kenne sich mit der alten Technik mehr richtig aus. Und dann spricht er von der Hoffnung auf die nächste Generation, die durch ein Gebet an den Propheten gesegnet sei: »Er wird dadurch sorgen, dass sie die Maschinen wieder reparieren können und unsere große Tradition fortsetzen.«

Zu den wichtigsten religiösen Pflichten jedes Moslems gehört eine Pilgerreise nach Mekka.

Heilige Schienen

Der Prophet möge es richten – schließlich wurde seinetwegen die Hedjazbahn überhaupt gebaut. Eine Pilgerreise nach Mekka gehört zu den wichtigsten religiösen Pflichten jedes Moslems. Bereits vor dem Bahnbau nahmen jährlich etwa 200000 Pilger die beschwerliche »Hadsch«, die Wallfahrt, auf sich, die damals mit Kamelkarawanen von Damaskus aus 40 Tage dauerte und teuer und gefährlich war. Die Bahn dagegen ist wesentlich billiger, außerdem beträgt die Fahrtzeit nur 50–60 Stunden, bei einer durchschnittlichen Reisegeschwindigkeit von damals 25 Stundenkilometern. Die Hedjazbahn wurde zwischen 1900 und 1908 unter Sultan Abdul Hamid II erbaut. Da sie als Pilgerbahn geplant war, sollten zunächst nur Muslime am Bau beteiligt sein, doch schon bald wurde der sächsische Ingenieur Heinrich August Meißner als Bauleiter hinzugezogen, der bereits Erfahrungen vom Bau der Bagdadbahn mitbrachte.

Finanziert wurde der Bau zu einem Großteil aus Spenden der Gläubigen. Die Schienen der Hedjazbahn sind damit heilige Schienen und gehören Allah. 1908 wurde Medina erreicht, die restlichen 400 Kilometer nach Mekka waren zwar schon geplant und trassiert, der Abschnitt bis zur heiligen Stadt wurde allerdings nie fertig gestellt.

Lawrence von Arabien zerstört die Strecke

Ganze acht Jahre lang konnten sich die Pilger die Hedjazbahn nutzen, dann wurde die 1300 Kilometer lange Strecke unterbrochen: Zahlreiche arabische Stämme kämpften gegen die Türkenherrschaft, unter der Führung von Lawrence von Arabien wurden zu großen Teilen Gleise, Brücken und Bahnhöfe der Hedjazbahn zerstört. 1917 wollte Lawrence auch die 14. Brücke im Yarmuktal sprengen, doch der Anschlag misslang, und so kann man glücklicherweise heute noch diese einzigartige Fahrt genießen.

Die Bahn ist längst eine Legende geworden, noch aber sind nur kleinere Teilstücke befahrbar. Schon seit dem Ende des Ersten Weltkriegs leidet sie unter der politische Lage im Nahen Osten. Abreißen geht nicht, Veräußern genauso wenig, denn die Hedjazbahn ist ein »Wakf«, eine fromme Stiftung: Sie darf nur gemeinnützigen Zwecken dienen. Ein Verkauf ist weder als Ganzes noch in Teilen möglich, doch zum Wiederaufbau fehlt der politische Wille.

Blick aus dem Fenster: unterwegs ins Antilibanongebirge.

Der Bahnhofschef von Deraa

Die syrische Stadt Deraa, gut 120 Kilometer südlich von Damaskus und an der Grenze zu Jordanien gelegen, ist heute noch ein wichtiger Verkehrsknotenpunkt. Hier zweigen die beiden Stichstrecken nach Haifa und Bosra ab. Auch die Verkehrsleitung sitzt seit jeher im Bahnhof von Deraa.
Imad Alnassar, der Bahnhofschef, arbeitet schon seit zweiundzwanzig Jahren hier. Er muss feststellen, dass seit einiger Zeit die Zahl der Passagiere rückläufig ist, doch der Personenverkehr zwischen Jordanien und Damaskus wird aus nationalen Beweggründen weiterhin aufrechterhal-

ten: Die »bruderschaftlichen« Verbindungen zwischen Syrien und Jordanien sollen gepflegt werden. Der Güterverkehr zwischen Damaskus und Amman nimmt allerdings sogar zu.

Römische Spuren im Wüstensand

Steigen wir um. Eine Borsig-Lokomotive, Baujahr 1914, zieht jetzt den Zug in Richtung Bosra. Diese knapp 40 Kilometer lange Zweiglinie der Hedjazbahn ist in den Jahren 1911/12 fertig gestellt worden.

Der Unterhalt der Linie ist mit mitteleuropäischen Verhältnissen keinesfalls zu vergleichen. Modernisierungen hat es in den vergangenen Jahrzehnten nur wenige gegeben. An vielen Stellen gleicht die Hedjazbahn einem großen Freilufteisenbahnmuseum, doch die Dampfdinosaurier rumpeln für ihre alten Tage noch erstaunlich fit über die Gleise. Manchmal allerdings verlassen sie die Schienen, und dann heißt es warten: Eingleishilfen, also Metallstangen, die unter die Räder geschoben werden, vom nächsten Bahnhof helfen dem stählernen Ungetüm zum Glück bald wieder auf den rechten Weg, und es kann weitergehen.

Die nächste Station ist Bosra, eine ehemalige Handels- und Garnisonsstadt, etwa 140 Kilometer südlich von Damaskus. Hier trafen einst wichtige Karawanenwege zusammen. In einer fruchtbaren Gegend gelegen, entwickelte sich Bosra bereits in der römischen Antike zur Großstadt. Zeugnis dafür ist sein Amphitheater aus dunklem Basalt, das als eines der größten und besterhaltenen römischen Theaterbauwerke der Welt gilt. Erbaut wurde es etwa im zweiten Jahrhundert n. Chr. mit 102 Metern Durchmesser und Sitzplätzen für insgesamt 15000 Menschen. Bis heute wird das Theater von Bosra für Aufführungen genutzt.

Links: Typischer Bahnhof auf der Hauptstrecke.
Rechts: Wasserfassen – mit dem Tankwagen!

Damit auf dem weiteren Streckenverlauf nichts schiefläuft, wird Lok 160 hinten am Zug zum Schieben eingeteilt, auch sie eine Borsig-Lok, gebaut 1917. An einer Brücke heißt es »Wasser fassen«. Und wo Wasserkräne fehlen, müssen eben Tankwagen aushelfen – deutsche Dampffreunde kennen die Prozedur zur Genüge, doch bei dem geringen Durchmesser des syrischen Schlauches dauern es noch ein wenig länger, als man es von Zuhause gewöhnt ist.

Von Syrien nach Israel

Am nächsten Tag sind wir unterwegs auf einem zwölf Kilometer langen Reststück der ehemaligen Hedjaz-Zweigstrecke zwischen Deraa und Haifa. Die Strecke war einst 161 Kilometer lang und wurde zwischen 1903 und 1905 als Versorgungslinie der Stammstrecke Damaskus – Medina gebaut. Heute gehört dieser Teil der Haifabahn zu den landschaftlich reizvollsten Eisenbahnstrecken Syriens.

In Haifa erinnert ein Denkmal an den Bahnbau vor über einhundert Jahren, als die israelische Stadt noch zum Osmanischen Reich gehörte. Grund für den Bahnbau war ihr Hafen, denn seinerzeit besaß die Hedjazbahn nur einen Hafenanschluss über die französisch kontrollierte Libanonbahn, und die setzte kurz nach Baubeginn der Hedjazbahn die Preise für den Gütertransport hoch.

In Haifa befindet sich Streckenkilometer Null. Die Zweiglinie mauserte sich schnell

Unterwegs mit der so genannten Haifabahn.

zur eigentlichen Lebensader der Hedjazbahn, denn in Haifa wurde die Kohle für die Lokomotiven angelandet. Noch heute wird der ehemalige Hedjazbahnhof genutzt. Ansonsten befinden sich auf israelischem Boden nur noch wenige Relikte der Hedjazbahn. An Streckenkilometer 76 sind noch ein paar Schwellen zu sehen: Im Jordantal befand sich einst mit 246 Metern unter Normalnull der tiefste Bahnhof der Welt. Die Station des Kibbuz Gesher lag direkt an der israelisch-jordanischen Grenze.

Heute ist die Grenze streng bewacht und die Bahnlinie unterbrochen, und das seit fast 60 Jahren. Durch ihre Funktion als Versorgungslinie hatte die Haifabahn eine große strategische Bedeutung und war schon immer Anschlägen ausgesetzt, so auch nach dem Zweiten Weltkrieg: Als der jüdische Nationalrat 1948 die Unabhängigkeit Israels verkündete, griffen mehrere arabische Staaten an. Durch die Zerstörung der Yarmuk-Brücke wurde die Linie Haifa – Deraa unterbrochen, weil die jüdische Selbstschutzorganisation »Haganah« damit Nachschublieferungen der Engländer verhindern wollte.

Ein Lokführer erinnert sich

Bis Zeizun ist die Strecke im Yarmuktal, einem Nebenfluss des Jordan, noch befahrbar. Hier ist mit 20 Promille Steigung das steilste Stück der Hedjazbahn. Der gegenüberliegende Hang gehört bereits zu Jordanien, die Strecke aber liegt noch in Syrien. Normalerweise fahren hier keine Züge mehr, die Fahrt mit unserem Sonderzug ist also eine Besonderheit. Aziz el-Kassem, ein ehemaliger Lokführer, erinnert sich: »Von 1953 an arbeitete ich 40 Jahre lang auf dieser Linie. Es gab täglich einen Zug hin und zurück. Und es gab einen, der an einem Tag hinfuhr und am nächsten Tag wieder zurück. Dies geschah bis etwa Juni. Dann wird es hier zu heiß, so dass die Fahrgäste ausblieben. Meine Verantwortung war groß, außerdem musste ich auf meine Lokomotiven achten. Nur ich fuhr mit ihnen. Wenn sie zur Reparatur in die Werkstatt mussten, blieb ich bei ihnen und passte auf, dass niemand an ihnen herumspielte.«

Vom Dorf zur Millionenstadt

Jordaniens Hauptstadt Amman wird auch »weiße Stadt« genannt – wegen des amtlich verordneten Anstrichs seiner Häuserfassaden. Heute ist Amman dank des internationalen Flughafens für alle Touristen erste Station im Lande. Gemessen an der Bedeutung Ammans als Hauptstadt Jordaniens gibt sich der Bahnhof eher bescheiden. Seine Größe zeigt, dass die Bahn auch in Jordanien den Wettlauf mit dem Automobil verloren hat. Zweimal in der Woche fährt zwar noch ein Personenzug nach Damaskus, hauptsächlich aber sind hier Güterzüge unterwegs – und manch-

Dampf-Romantik im Yarmuktal an der syrisch-jordanischen Grenze.

mal Eisenbahnfreunde. Vor dem Bahnbau war Amman nur ein Beduinendorf. 1903 erreichte die Hedjazbahn Amman und machte den Ort schnell zu einem Verkehrsknotenpunkt der Pilger. Bis in die 40er Jahre allerdings blieb sie eine ansonsten wenig beachtete Hauptstadt am Rande der Wüste. Nach den israelisch-jordanischen Auseinandersetzungen wuchs die Zahl der Bevölkerung sprunghaft an. 1963 lebten hier 245 000 Menschen, vier Jahre später bereits fast doppelt so viel, heute ist Amman eine Millionenstadt.

Der alte Hedjazbahnhof wurde in einer Stilmischung aus westlichen, osmanischen und damaszenischen Elementen erbaut.

Jordanien besteht zu etwa neun Zehnteln aus Wüste bzw. Wüstensteppe. Auf unserer Reise durchqueren wir nun einen weiteren kargen Landstrich, doch vorher werden noch zwei Dampfloks für die Weiterfahrt präpariert. Auch hier muss ein Tankwagen die fehlenden Wasserkräne ersetzen. Obwohl wir bisher unheimlich viel erlebt und Eindrücke in Hülle und Fülle gesammelt haben, sind wir bisher nur auf einem relativ kleinen Teil der Hedjazbahn gefahren. Und viel mehr sollte auch nicht hinzukommen: Bei einem Tankstopp in Jizra ist unsere Fahrt abrupt zu Ende, denn angesichts eines plötzlich aufkommenden Sandsturms weigern sich die Tankwagenfahrer weiterzufahren, obwohl das Lokpersonal keine Angst zeigt.

Der Ausflug in die Wüste war die letzte Etappe unserer Reise auf der Hedjazbahn, es wird Zeit, Abschied zu nehmen. Rund 1 000 Kilometer weiter südlich liegt der ehemalige Endpunkt Medina, doch auf diesem Abschnitt in Saudi Arabien fährt seit fast neunzig Jahren kein Zug mehr.

Vor über 40 Jahren hatte ein Münchner Ingenieurbüro bereits den Auftrag erhalten, die Bauleitung für den Wiederaufbau der Hedjazbahn zu übernehmen. Die Kosten wurden damals auf 100 Millionen Mark veranschlagt; innerhalb von knapp drei Jahren sollte die Linie zwischen Amman und Medina wiederhergestellt sein. 1964 hätten die Bauarbeiten beginnen sollen. Leider wurde das Vorhaben nie ausgeführt, deshalb endet das letzte befahrbare Teilstück der Hedjazbahn in Ma'an, knapp 200 Kilometer südlich von Amman.

Würde die Hedjazbahnstrecke irgendwann in der Zukunft wieder regelmäßig befahren, ja vielleicht sogar komplett wiederaufgebaut werden: Es wäre ein Traum für alle Bahnfreunde und ein Signal für eine friedliche Zukunft im Nahen Osten.

Die Außerfernbahn: einmal um die Zugspitze

Die Außerfernbahn führt mit zwei Grenzüberquerungen zwischen Deutschland und Österreich durch reizvolle Gegenden im Allgäu, in Tirol und im Alpenvorland. Höhepunkt der Reise ist die Begegnung mit dem Zugspitzmassiv und der Ausblick auf eine traumhafte Bergwelt.

Der Name Außerfern, eine Gegend im nördlichen Tirol, leitet sich von »Außer dem Fern« ab, bedeutet also am Fernpass, gesehen vom Inntal aus. Hier fährt seit mehr als 90 Jahren eine Lokalbahn, deren Ausgangspunkt sich in Kempten befindet und die wohl zu den landschaftlich schönsten Eisenbahnstrecken Deutschlands zählt: Zunächst schlängelt sich die Außerfernbahn durchs

Allgäu nach Pfronten. Kurz danach passiert sie die österreichische Grenze und erreicht Reutte, den Hauptort des Außerferns. Nun beginnt der Aufstieg Richtung Fernpass. Ab Ehrwald geht es wieder hinab ins oberbayerische Garmisch-Partenkirchen.

Von Kempten nach Pfronten

Beginnen wir unsere Reise in der Allgäu-Metropole Kempten, einem Bahnknotenpunkt, von dem aus München, Augsburg, Ulm oder Lindau bequem zu erreichen sind. Die erste Etappe von der 70 000-Einwohner-Stadt führt nach Pfronten. Dieser Streckenabschnitt wurde 1895 eröffnet und war sofort ein Erfolg: Die ersten Betriebsjahre wiesen hohe Überschüsse aus, 1909 etwa erzielte die Bahn eine Rendite von 5,1 Prozent – eine Zahl, die heutzutage das Management der Bahn in Verzückung geraten lassen würde.

Nach knapp 33 Kilometern erreicht der Zug den Bahnhof Pfronten-Steinach, die letzte Station auf deutscher Seite. Die österreichische Grenze ist nur noch einen Kilometer entfernt. Jahrzehntelang wurden hier die Pässe der Fahrgäste kontrolliert, was den Bahnverkehr verlangsamte, doch dank der EU und des Schengener Abkommens finden seit 1998 keine Kontrollen mehr statt.

Das Alpenpanorama – ein Genuss

Von Kempten bis Reutte sind es knapp 50 Kilometer, eine Strecke, für die die

Das Tal weitet sich am Fuße der Zugspitze nach Lermoos und Erwald.

Außerfernbahn rund eineinhalb Stunden benötigt. Gemächlich zuckelt sie durch die sanfte Hügellandschaft des Allgäus – und genau hier lag für die DB ein Problem, denn mit dem Auto legt man diese Strecke bedeutend schneller zurück. In den 70er Jahren dachte die damalige Bundesbahn sogar über eine Stilllegung der Außerfernbahn nach. Heute spricht aber niemand mehr davon, obwohl sich bis auf modernere Fahrzeuge an der Fahrzeit nicht viel geändert hat. Immerhin lasten Schüler, Pendler und Touristen die Züge befriedigend aus. Auch der Güterverkehr, vor allem Zement und Holz, hat ein beträchtliches Volumen. Und für Touristen bringt das beschauliche Tempo der Bahn einen entscheidenden Vorteil – nämlich

Zeit und Muße, um das herrliche Alpenpanorama zu genießen.

Erster Betreiber der 17 Kilometer langen Trasse auf österreichischer Seite bis Reutte war die Bayerische Staatsbahn. Durch die Bahn bekam 1905 das »Tor zu Tirol« sein »Tor zur Welt«. Acht Jahre später wurde die Strecke in Richtung Garmisch eröffnet, womit der Anschluss an das österreichische Bahnnetz geschaffen war. Seit dieser Zeit ist Reutte der betriebliche Mittelpunkt der Außerfernbahn.

Dank des Schengener Abkommens finden seit 1998 keine Grenzkontrollen mehr statt.

Seit einigen Jahren betreibt die Deutsche Bahn den österreichischen Streckenabschnitt mit – es handelt sich um den ersten Auslandsauftrag von DB Regio. Instand gehalten werden die 45 Kilometer weiterhin von der ÖBB. Die Österreicher planen, in den nächsten zehn Jahren

Alpenländliche Idylle auf der elektrifizierten Strecke von Reutte nach Garmisch.

Eine VT 928 im Bahnhof
Pfronten-Steinach.

Auf die Zugspitze hinauf müssen Steigungen von bis zu 25 Prozent bewältigt werden.

44 Millionen Euro in die Infrastruktur stecken; weitere zehn Millionen sollen in Sicherheitsmaßnahmen investiert werden, zum Beispiel gibt es 60 Bahnübergänge an der Strecke, von denen die Hälfte zurückgebaut werden soll.

Hinauf in die Berge

Der Scheitelpunkt der Strecke liegt auf einer Höhe von 1106 Metern in Lähn, Ausgangspunkt für verschiedene Wanderwege und Radtouren in die Berge. Zwischen Reutte und Garmisch-Partenkirchen verkehren die Züge seit 2001

Beim schönsten Winterwetter geht es hinauf zur Zugspitze.

erfolgreich im Zwei-Stunden-Takt. Diesen Abschnitt der Außerfernbahn nutzen täglich etwa 1000 Reisende, der dadurch erleichtert wird, dass auf dem grenzüberschreitenden Verkehr sowohl deutsche als auch österreichische Fahrkarten gelten.

Zweieinhalb Stunden benötigt der Zug von Kempten nach Garmisch-Partenkirchen. Wer jetzt richtig Lust bekommen hat, weiter Bahn zu fahren, kann gleich neben dem Bahnhof in die Bayerische Zugspitzbahn umsteigen. Diese stündlich verkehrende Bahn bewältigt Deutschlands höchsten Berg per Zahnradantrieb, denn immerhin müssen Steigungen von bis zu 25 Prozent bewältigt werden. Sie wurde 1930 eröffnet. In nur zwei Jahren hatten Hunderte von Arbeitern den Bau der Strecke und des Tunnels vorangetrieben, obwohl ursprünglich die doppelte Zeit dafür veranschlagt gewesen war. Wer damals etwas auf sich hielt, machte einmal im Leben diese Fahrt auf die Zugspitze mit. Auch heute noch lohnt sich der Ausflug mit der Zahnradbahn, die pro Stunde maximal 600 berghungrige Fahrgäste befördern kann, hinauf auf »Deutschlands höchsten Balkon«.

Griechenland: mit der Zahnradbahn durch den Peloponnes

Im Nordwesten Griechenlands, am schmalen Küstenstreifen zwischen Korinth und Patras, liegt das stille Städtchen Diakofto. Dort verbindet eine über hundert Jahre alte Schmalspurbahn die Küste mit dem wilden Bergland der griechischen »Fünffingerinsel« Peloponnes.

Etwa 190 Kilometer von Athen entfernt liegt der Ausgangspunkt der alten Bahnlinie, die von dem kleinen Küstenstädtchen am Korinthischen Golf nach gut 22 Kilometern das 714 Meter hoch gelegene Kalavrita erreicht.

1889 wurde der Bau der Strecke beschlossen. Ein Vertrag der griechischen Regierung mit einem französischen Bauherren veranschlagte eine Bauzeit von zehn Monaten – woraus schließlich fünf Jahre wurden. Technische Probleme aufgrund

Mit Volldampf nach Kalavrita!

der geologischen und geografischen Besonderheiten sowie – heute kaum mehr vorstellbar – Räuberbanden sorgten für diese Verzögerung. Bewaffnete Wachposten mussten die Bauarbeiten vor den Übergriffen der Diebe schützen. Insgesamt wurde die Kalkulation um mehr als das Dreifache überzogen.

Am 10. März 1896 konnte endlich die Jungfernfahrt stattfinden. Der ursprüngliche Plan, die Strecke bis nach Tripolis – im Herzen der Peloponnes – weiterzuführen, wurde wegen der explodierenden Kosten fallengelassen, denn der damalige Betreiber, die Piräus-, Athen- und Peloponnes-Eisenbahn, bezweifelte die Rentabilität der Strecke und beteiligte sich nicht an den Baukosten. So wurde die Strecke zum Sozialfall: Der griechische Staat musste helfend eingreifen. Deshalb wurde die Trasse der Kosten wegen nur bis Kalavrita und in der Spurweite 750 Millimeter gebaut.

Drei Zahnstangenabschnitte

Nach knapp sechs Kilometern beginnt der erste von drei Zahnstangenabschnitten. 3,6 Kilometer der 22,3 Kilometer langen Strecke werden per Zahnrad bewältigt. In der Ebene liegt die zulässige Höchst-

Zahnstangenabschnitt: Im Schritttempo durch die Felsenwelt.

geschwindigkeit bei 35 Kilometern pro Stunde, im Zahnstangenabschnitt dagegen kann man wahrlich von Schrittgeschwindigkeit sprechen: Sie liegt bei nur noch zehn Kilometern in der Stunde, allerdings geht es hier auch ziemlich bergauf. Angetrieben wird die Zahnradbahn dieselelektrisch. Ein Dieselmotor speist den Generator, der die beiden Elektromotoren des Triebwagens bewegt. Die Triebwagen stammen noch aus der Zeit, als in den 50er Jahren des vergangenen Jahrhunderts die Elektrifizierung der Strecke geplant war, aus Kostengründen aber nie umgesetzt wurde – die Behelfslösung »Generatorwagen« besteht noch heute, nachdem der Dampfbetrieb 1967 eingestellt wurde. Ab 1959 fuhren hier drei Zuggarnituren der französischen Firma Billard, 1967 kamen drei weitere von Decauville hinzu, die technisch eine Weiterentwicklung darstellten.

Eine Tunnelsperre zur Baufinanzierung

Heute lebt die Bahn hauptsächlich von Touristen, nur noch wenige Ortsansässige benutzen sie, ist doch die Fahrt mit dem Auto rund eine halbe Stunde kürzer. Auch der Gütertransport, einst eine wichtige Einnahmequelle der Zahnradbahn, nahm stark ab, als 1968 eine geteerte Straße gebaut wurde.
Früher war die Bahn die einzige Verbindung hinauf nach Kalavrita. In ihrer Frühzeit, als es noch keine Straßen gab, benutzte die Bevölkerung die Trasse als Fußweg, denn die Fahrkarten waren für viele zu teuer. An einer Stelle führt die Strecke durch einen Tunnel. Um einen Teil der Baukosten zu refinanzieren, brachten die Betreiber der Bahn kurzerhand Tore an diesem Tunnel an, die nach der Zugdurchfahrt verschlossen wurden. So blieb

den Menschen gar nichts anderes übrig, als mit der Bahn zu fahren und natürlich auch dafür zu bezahlen. Ende der 30er Jahre ordnete König Paul I. jedoch an, die Türen stets geöffnet zu halten, und so ist es noch heute, allerdings läuft kaum noch jemand auf den Gleisen.

Eine Zahnradbahn für Pilger

Unsere Reise führt durch die wildromantische Vouraikos-Schlucht vorbei an Zitronenhainen und Weingärten hinauf ins Helmos-Gebirge. Nach der Hälfte der Strecke fährt der Zug in den Bahnhof des Dörfchens Zahlorou ein. Am Gebäude stehen allerdings zwei Namen: Zahlorou und Mega Spileon, benannt nach dem berühmten, 400 Meter höher gelegenen Kloster. Für den Aufstieg benötigt man etwa eine Stunde. Es wird sogar behauptet, die Zahnradbahn sei hauptsächlich wegen der Pilger gebaut worden. Doch Genaues ist nicht belegt. Noch heute gibt es einen Pilgerpfad zum Kloster. Bevor die Asphaltstraße gebaut wurde, stiegen alle Besucher hier aus und gingen zu Fuß weiter. Gegen ein geringes Entgelt brachten Einheimische die Gläubigen auch mit Eseln hinauf zum Kloster. Die Fahrzeit beträgt nun noch eine halbe Stunde bis nach Kalavrita. An bestimmten Tagen oder wenn eine Reisegruppe das nötige Kleingeld bereit hält, begibt sich auch ein Dampfross auf den Weg. Das dauert zwar länger als mit dem Regelzug, ist aber wesentlich romantischer, denn auch in seinem fortgeschrittenen Alter macht ihm die Arbeit augenscheinlich noch Spaß. Da der Technikveteran aber nicht überlastet werden darf, dampft es nur noch zu besonderen Anlässen auf dem oberen, vergleichsweise flachen Teilstück der Strecke.

Die wechselhafte Geschichte von Kynaitha

Auf den letzten Kilometern verläuft die Straße parallel zur Strecke. Hier wird vom Triebwagen sogar ab und zu die Höchstgeschwindigkeit von 35 Kilometern in der Stunde überschritten, 40 bis 45 zeigt der Tacho an. In der Antike hieß die Gegend Kynaitha. Hier lebte der wildeste Hirtenstamm Arkadiens, berühmt für seine Kühnheit und Freiheitsliebe. Später zogen Goten durchs Land, dann Slawen und Albaner, im Mittelalter kamen fränkische

Die Bevölkerung benutzte die Trasse als Fußweg, denn die Fahrkarten waren für viele zu teuer.

Dieseltriebwagen mit Generatorenwagen in der Zugmitte.

Kreuzfahrer – ein historisch bedeutender Landstrich: Im nahe gelegenen Kloster Agia Lavra wurde 1821 das Zeichen für den Unabhängigkeitskrieg gegen die Türken gegeben. Kalavrita selbst hat seine eigene traurige Geschichte: Am 13. Dezember 1943 wurden während der deutschen Besatzung Griechenlands bei einem Anschlag griechischer Partisanen knapp 80 deutsche Soldaten getötet. Daraufhin wurde die gesamte männliche Bevölkerung Kalavritas von Wehrmachtstruppen erschossen; es war das größte Massaker auf griechischem Boden während des Zweiten Weltkriegs. In der Gruft des Denkmals oberhalb der Stadt brennt noch heute für jeden Toten eine Lampe – es waren mehr als 1 200. Doch aus den Feinden von damals sind Freunde geworden: Viele Menschen aus Deutschland haben seither den Ort besucht und ihrer Betroffenheit Ausdruck verliehen. Nach 70 spannenden Minuten geht die Fahrt zu Ende. Ein Ende drohte auch häufig der gesamten Bahn, doch irgendwie kam sie immer wieder auf die Beine. Jetzt kann ihr eigentlich nichts mehr passieren: Seit ihrem hundertjährigen Jubiläum 1996 sind Strecke und Fuhrpark unter Denkmalschutz gestellt worden.

Der Dampfzug nach dem Verlassen der Station Zahlorou.

Skandinavien: der Mitternachtssonne entgegen

Eine Sommerreise nach Skandinavien verheißt lange Nächte, in denen die Sonne nie untergeht, sich unberührte Landschaften endlos unter dem klaren Himmel ausdehnen und majestätische Fjorde über malerischen Dörfern wachen. Ein besonderes Vergnügen ist es, all das mit der Eisenbahn zu erkunden.

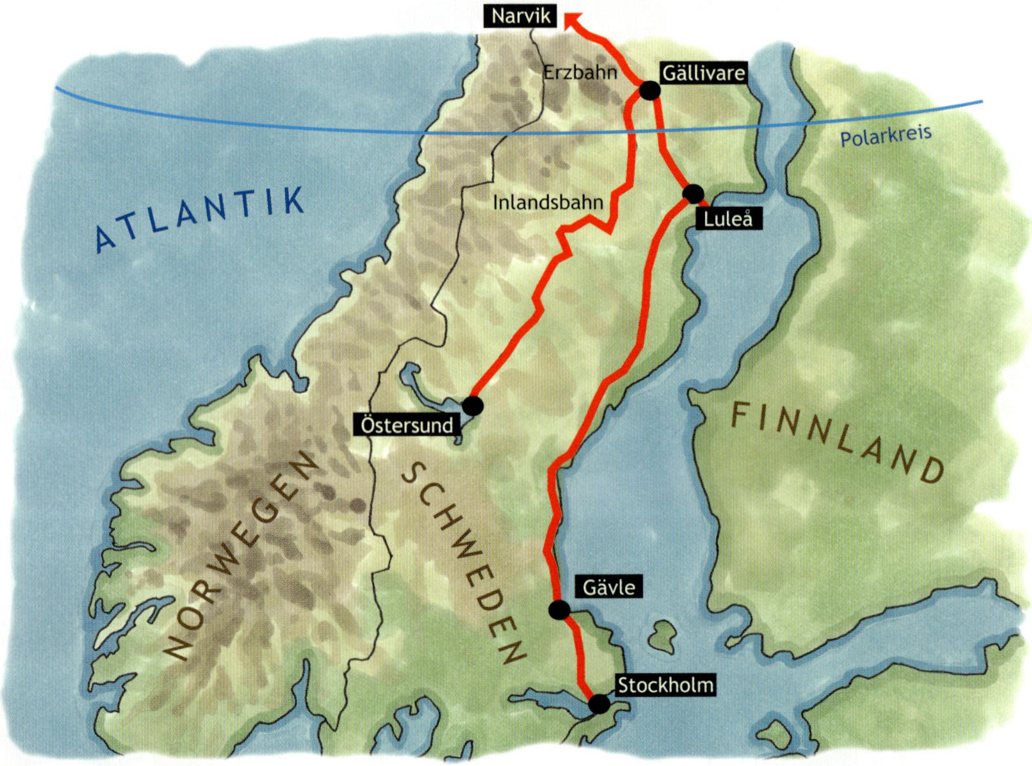

Noch vor dem Besuch in Stockholm empfiehlt sich ein Abstecher zur Östra Södermanlands Järnväg, zu deutsch »Östliche Södermanland-Eisenbahn«, eine Schmalspurbahn mit knapp vier Kilometer langer Strecke. Sie führt durch die malerische Landschaft zwischen Läggesta und Mariefred und scheint geradewegs einem Buch von Astrid Lindgren entsprungen zu sein. Mit vier angeheizten Lokomotiven macht die Eisenbahn mächtig Dampf.

In einem bunten Parcour rumpeln Personenzüge, Güterzüge und so genannte GmPs, Güterzüge mit Personenbeförderung, über die 600 Millimeter breiten Gleise. Hier ist die Eisenbahnwelt noch in Ordnung – besser gesagt, wieder in Ordnung, denn die 1895 erbaute Bahn war schon angezählt. Allein einigen engagierten »Järnväg«-Enthusiasten ist es zu verdanken, dass der Knockout verhindert werden konnte: Schon 1959 begann der frisch gegründete Museumsbahnverein mit seiner Arbeit. Seither werden in den Sommermonaten täglich Touristen mit Dampfzügen und Triebwagen durch die Bilderbuch-Idylle Mittelschwedens geschaukelt.

Mit der Eisenbahn durch die Bilderbuchlandschaft Skandinaviens.

Auf Tucholskys Spuren

Am Endpunkt der Museumsbahn in Mariefred steht unübersehbar ein majestätisches Gebäude. 1537 wurde es für Schwedenkönig Gustav I. Wasa erbaut, 1931 machte Kurt Tucholsky es zur Bühne eines luftig-leichten Romans mit bissigen Untertönen: Es handelt sich um Schloss Gripsholm, in märchenhaft enger Nachbarschaft zur Museumsbahn gelegen, direkt am Mälarsee. Der Zauber, der von diesem Fleckchen Erde ausgeht, findet seine Fortsetzung auf dem über hundert Jahre alten Dampfschiff namens »Mariefred«. Im Ambiente des jungen 20. Jahrhunderts geht die Reise stilvoll weiter.

In gut drei Stunden dampft die »Mariefred« über den drittgrößten Binnensee Schwedens nach Stockholm, vorbei an kleinen und größeren Inseln und dicht bewaldeten Ufern. Und immer wieder, wie mit dem Pinsel hingetupft, sieht man kleine bunte Holzhäuser auf den weißen Klippen zwischen den Bäumen, die Feriendomizile der Stockholmer.

Wenn es der Reiseablauf erlaubt, sollte man die Einfahrt in Schwedens Hauptstadt vom Wasser her in der Abendsonne einplanen, denn diesen zauberhaften Anblick wird man so schnell nicht vergessen – nicht zu Unrecht wird Stockholm, das auf 14 Inseln erbaut wurde, auch das »Venedig des Nordens« genannt.

Mit der Museums-Straßenbahn durch die Altstadt

In Stockholm geht es auf die Schiene zurück, denn die zahlreichen Sehenswürdigkeiten der Stadt lassen sich in gemächlichem Tempo bequem mit einer Museums-Straßenbahn erkunden. Schon die Fahrzeuge selbst sind ein Hochgenuss:

Museumsbahn »Östra Södermanlands Järnväg« (links), die auch an Tucholskys Schloss Gripshom (rechts) vorbeifährt.

Die Schmalspurbahn scheint geradewegs einem Buch von Astrid Lindgren entsprungen zu sein.

Ein Oldtimer aus dem Jahr 1903 und zwei Beiwagen beispielsweise sind in hellem Schwedenblau lackiert und mit blitzenden Messingteilen ausgestattet. In Schuss gehalten und auf Hochglanz poliert hat sie der Stockholmer Straßenbahnverein.

Eigentlich findet man seit der Umstellung von Links- auf Rechtsverkehr in Schwedens Städten so gut wie keine Straßenbahnen mehr. Dank des Engagements dieses Vereins aber kann man Stockholm wie in der guten alten Zeit erleben: Auf offenen

Perrons und an Fenstern zum Öffnen rumpelt man auf normalspurigen Gleisen durch Schwedens Metropole. Es empfiehlt sich, in Stockholms Stadtteil Djurgården das Museumsdepot mit seiner stattlichen Sammlung von historischen Straßenbahnwagen zu besuchen. Ganz in der Nähe liegt auch das Vasa-Museum und das älteste Freilichtmuseum der Welt, Skansen.

Je weiter man in Schwedens Norden kommt, desto mehr sollte man das Tempo drosseln. Denn es kann durchaus passieren, dass es sich eine Elchkuh auf den Gleisen gemütlich gemacht hat und sich nur allmählich durch das beharrliches Pfeifkonzert des Lokführers bewegen lässt, dem herannahenden Zug zu weichen.

In einer Oldtimer-Straßenbahn aus dem Jahr 1903 geht es im gemächlichen Tempo durch Stockholm.

Elche auf den Schienen

Schweden ist ein riesiges Land mit einer Nord-Süd-Ausdehnung von fast 3000 Kilometern. Ein Stück des Weges in Richtung Mitternachtssonne wird der Zug von Schwedens größter und stärkster Dampflokomotive gezogen, der Königslok F 1200. Mit ihr ging schon König Gustav Adolf V. und sein Hofstaat auf Reisen. Die Vierzylinder-Verbundlok ist Jahrgang 1914 und in bestem Zustand; 100 Stundenkilometer erreicht sie noch spielend.

In Schwedens Nordosten, unweit des Erzhafen Luleå, befindet sich das Norrbotten Eisenbahnmuseum. Dabei handelt es sich, so die Eigenwerbung, um das einzige Erzwagenmuseum der Welt, aufgebaut im stillgelegten Bahnhof von Karlsvik – mit privaten Mitteln: Seit 1982 kümmern sich die »Freunde der Erzbahn« um die zahlreichen Erinnerungsstücke aus einer erzreichen Vergangenheit. Außerdem haben sie vom Museum aus ein kleines Streckenstück wiederbelebt, an dessen Ende das Juwel der Gegend liegt: die Kirchstadt von

Das gibt es nur in Skandinavien: Erzabbau vor einer kolossalen Kulisse!

Gammelstad im alten Luleå aus dem 17. Jahrhundert. Sie trägt das Prädikat »Weltkulturerbe der Unesco« und ist für jeden Nordland-Reisenden ein Muss. Dasselbe gilt natürlich auch für den Erzverladehafen des neuen Luleå. Größer könnten die Gegensätze nicht sein: Hier die größte mittelalterliche Kirche Norrlands inmitten von noch heute bewohnbaren putzigen, rotweiß angestrichenen Holzhäuschen, dort hochtechnisierte, modernste Anlagen und riesige Meerkolosse aus Stahl.

Der Polarkreis wird überquert

Einige Bahnstunden nördlicher befindet sich eine Sehenswürdigkeit, die eigentlich unsichtbar ist, dennoch auf alle Fahrgäste eine ungebrochene Faszination ausübt: der Wendekreis bei 66 Grad 30 Minuten nördlicher Breite, in der Landessprache »Polcirkeln« genannt, uns besser bekannt als Polarkreis. Seine Überquerung bringt in aller Regel einen Massenauflauf von Fototouristen mit sich – mit und ohne Lok im Hintergrund.

Immer weiter führt die Bahnstrecke in den hohen Norden hinauf. 1888 wurde die Bahnlinie von Gällivare nach Luleå in Betrieb genommen, elf Jahre später erreichte die Verbindung Kiruna und vier Jahre später Narvik – einen Hafen, der im Gegensatz zu Luleå im Winter eisfrei bleibt. 1903 wurde die gesamte Strecke im Beisein des schwedischen und des norwegischen Königs bis Narvik eingeweiht. Ab 1923 war die Bahnlinie zwischen den Hafenstädten Luleå an der Ostsee und dem norwegischen Narvik an der Westküste zum Atlantik auch elektrifiziert.

Nur noch ein paar Meter bis zum Polarkreis!

Die größten E-Loks der Welt

Unser nächstes Reiseziel ist Kiruna, die Erzstadt in Lappland. Dort geht es zunächst einige hundert Meter unter die Erde: Wir besichtigen die größte Untertag-Erzmine der Welt. Sie gehört der LKAB, der Luossavaara-Kirunavaara-Aktiebolag, Schwedens größter Erzgrubengesellschaft, in deren Besitz sich auch die größten E-Loks der Welt befinden. Auf der Erzbahn zwischen Luleå und Narvik verkehren sie schon seit Jahrzehnten.

Längst Kultstatus erreicht hat die dreiteilige Elektrolokomotive Dm 3. Vor 40 Jahren setzte sie im Erzverkehr zwischen Schweden und Norwegen mit einer Zuglast von 5 000 Tonnen eine neue Bestmarke. Mit Einsatz der Dm 3 konnte die Last mehr als verdoppelt, die Motorenleistung sogar verdreifacht werden: Zur Verfügung standen jetzt 8400 PS. Mittlerweile sind die Tage der Dm 3 gezählt. Ihre Nachfolgerin ist die zweiteilige IORE-Lok. Sie ist in der Lage, 8 000 Tonnen schwere Erzzüge zu ziehen.

Groß, größer, am größten – die Loklegende Dm 3.

Taghelle Nächte

Weiter geht's mit Sonnenschein im Gepäck in Richtung Narvik, Norwegen. Auf einer herrlichen Bergstrecke fährt der Zug über die »Riksgränsen«, Schwedens Grenze nach Norwegen, dann entlang des tiefblauen Fjords Rombaksbotten durch eine atemberaubende Landschaft. Man kann sich am Licht und den Farben kaum sattsehen.

Ankunft in Narvik kurz vor 22 Uhr – und die Sonne scheint noch immer. Und sie scheint auch noch, als die Fahrgäste ein oder zwei Stunden später mit der Seilbahn auf den 700 Meter hohen Fagernesfjellet hinauf fahren, wo man dem hellen Himmel sehr nah zu kommen scheint. Und man hat einen traumhaften Ausblick auf Narvik und den Ofjotfjord, die beide im mittsommernächtlichen Schein erglänzen. Unten in der Stadt: Federball spielende Jugendliche, ein Jogger, Straßenarbeiter, die eine neue Baustelle markieren. Wohlgemerkt: Es ist 1.30 Uhr am Morgen eines 13. Juli! Von Nacht keine Spur, und im frühen Morgenlicht betört uns der Duft der Fliederbüsche und Pfingstrosen, die hier gut zwei Monate später als in unseren Breitengraden blühen.

Durch das Land der Samen

Zurück in Gällivare. Dort verlassen wir die Strecke der schwedischen Staatsbahn. Abseits vom Regelverkehr beginnt eine einzigartige Reise auf der Touristenlinie durch Schwedens Mitte hinab in den Süden, auf der »Inlandsbana«. Rund 1000 Kilometer liegen vor uns – im Schienenbus, von Fiat in den frühen 80er Jahren in Italien gebaut, leider ohne Speisewagen. Deshalb kann man bei den vielen Stationen der Inlandsbahn das Essen telefonisch vorbestellen und sich beim entsprechenden Halt an den gedeckten Tisch setzen – Sie haben richtig verstanden: Man isst am Bahnhof und der Zug hält solange! Wer will, kann landestypische Produkte der Samen bewundern, Skandinaviens Ureinwohner im hohen Norden: Mützen und Jacken aus bunt gefärbter Wolle, Lederarbeiten, Messer und Silber. Die Reise ist überaus reizvoll – und steckt links und rechts der Gleise voller Überraschungen. Plötzlich läuft eine Herde von Rentieren vor den Zug und stoppt ihn. Oder ein Bär tapst durchs Gestrüpp – zum Glück sieht man ihn vom sicheren Wagen aus. Glaubt man den Legenden, lauern noch ganz andere Gefahren in dieser Gegend: So etwa versucht unterhalb der Brücke über den Fluss Pakkofors der Troll Näcken, mit Geigenspiel und seinem nackten muskulösen Oberkörper durchreisende Frauen zum Bleiben zu verlocken. Doch lässt man sich besser nicht von ihm, sondern von der atemberaubenden Landschaft und dem abendlichen Licht betören, in das die nicht untergehende Sonne alles taucht.

Europas einziges Mückenmuseum

Eine weitere recht außergewöhnliche Begegnung erwartet uns in Avvakajjo, Europas einzigem Mückenmuseum, einer Art Freilichtveranstaltung mitten in der Tundra. Wussten Sie etwa, dass männliche Mücken sich von Blättern ernähren und nur die weiblichen stechen? Und pro Gelege hundert Mücken schlüpfen? Eine ältere Dame mit einem Moskitonetz über dem Kopf erläutert Wissenswertes über diese lästigen Zeitgenossen. Nicht weit vom Mückenmuseum entfernt liegt Schwedens einziger Bahnübergang, an

Kurioses mitten in der Tundra: Das einzige Mückenmuseum Europas in Avvakajjo.

Die NoHAB am Rombaksbotten Fjord, kurz vor Narvik.

dem die Autos vor dem Zug Vorrang haben. Diese Regelung stammt aus den Anfangsjahren der Bahn, als die LKWs noch keine zuverlässigen Bremsen hatten und schwer beladen mit Holz die Linie kreuzen mussten.

Ferien auf der Inlandsbahn

Reisen mit der Inlandsbahn, die 1929 unter staatlicher Regie eröffnet wurde und heute privatisiert ist, heißt unterwegs sein nach einem ganz individuellen Reiseplan. Man kann die Strecke sozusagen in einem Rutsch durchfahren oder sich Zeit lassen und zwischen verschiedene Reiseetappen Wanderungen, Besichtigungen und Übernachtungen legen, selbst organisiert oder als Reisepaket gebucht. Auf der Inlandsbahn kann man seine gesamten Ferien verbringen, denn jede Haltestation hat ihre landestypischen Attraktionen. 60 Prozent der Fahrgäste, die so ihren Sommerurlaub verbringen, sind Schweden oder Ausländer, die in Schweden leben. Freundliche Tarife erlauben es vor allem auch kinderreichen Familien, gemeinsam auf große Fahrt zu gehen, allerdings nur zwischen dem 23. Juni und dem 3. August, denn die Öff-

1360

nungszeit der Inlandbahn dauert nur knappe sechs Wochen – der Winter in Nord- und Mittelschweden dauert lang und fängt früh an.

Kaum zu glauben, aber mittlerweile ist es schon wieder Abend geworden, und immer noch scheint unverdrossen die Sonne. Eine traumhafte Reise durch das grüne Herz Schwedens geht ihrem Ende zu, eine Reise. bei der die Tage nicht fortzuschreiten scheinen.

In Kiruna in Lappland befindet sich die größte Untertage-Erzmine der Welt.

Vier Tage und Nächte haben wir keine Dunkelheit erlebt, Tag und Nacht waren eins, die meiste Zeit schien die Sonne. Eine helle Welt, nahezu ohne Geräusche, denn die Natur ruht in den Nachtstunden dennoch. Bei fortschreitender Fahrt in den Süden werden die dämmrigen Phasen wieder länger, schließlich wird es nachts wieder ganz dunkel. Der Zauber der Mitternachtssonne liegt hinter uns. Ein unvergessliches Erlebnis!

Wolsztyn: das letzte Dampfbahnbetriebswerk Europas

Das Bahnbetriebswerk in Wolsztyn (Wollstein) in Polen, gut 100 Kilometer östlich von Frankfurt an der Oder, ist seit Jahren ein ganz besonderer Ort für Eisenbahnfreunde aus aller Welt: Es ist das einzige Normalspur-Betriebswerk in Europa, das noch Dampfloks beherbergt.

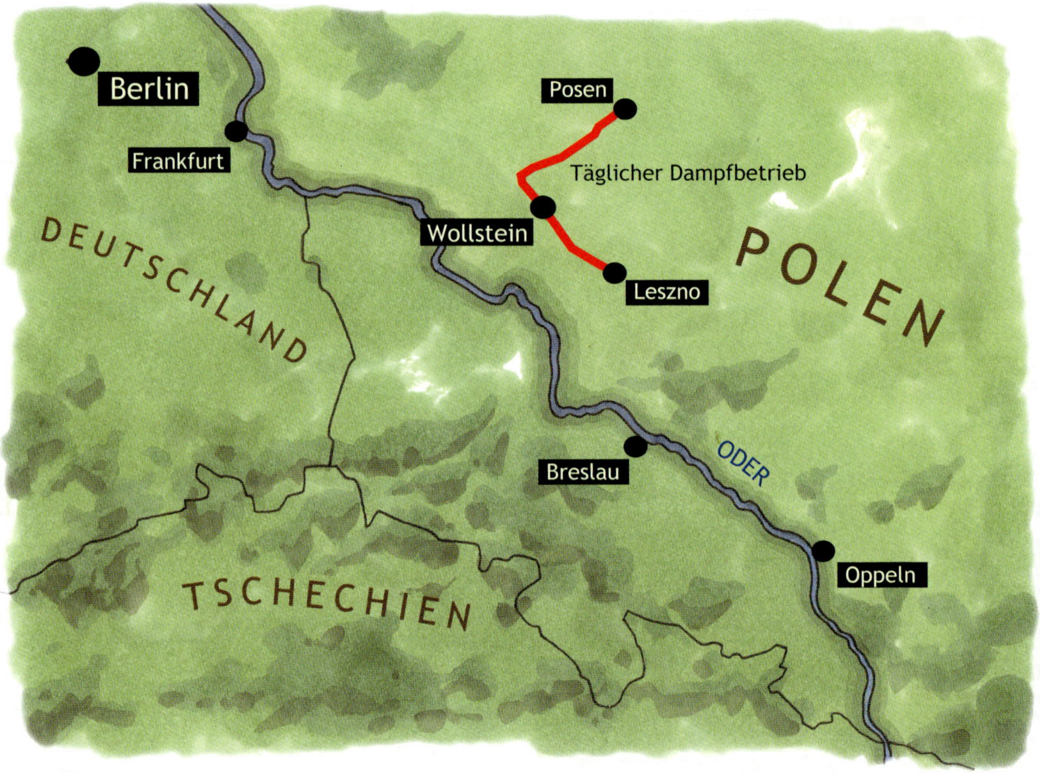

Im polnischen Wolsztyn fahren Dampfzüge immer noch planmäßig – und das, obwohl die polnische Staatsbahn PKP den offiziellen Dampfbetrieb schon 1992 eingestellt hat.

Die einzigartige Atmosphäre im Betriebswerk überwältigt den Besucher. Auch wenn die Anzahl der Dampfloks und Mitarbeiter, die sich um sie kümmern, im Laufe der letzen Jahre immer mehr

Der absolute Dampflokstar der polnischen Staatsbahn: »Die schöne Helena« bringt es auf eine Höchstgeschwindigkeit von 130 km/h.

zurückgegangen ist, gibt es immerhin noch sieben betriebsfähige Dampflokomotiven, von denen täglich drei im Einsatz sind. Vor zehn Jahren waren es noch zwanzig Dampfrösser.

Die schöne Helena auf der Schiene

Es handelt sich um Loks unterschiedlicher Klassen. Unter anderem die ehemalige Reichsbahnlok 56 511 und die Pm36-2, wobei P für Schnellzuglok steht. Der zweite Buchstabe bezeichnet die Achsfolge, »m« gleich 2C1. Die Pm36-2 hat noch einen zusätzlichen Namen: »Schöne Helena«. Schnell ist sie außerdem, 130 km/h Spitze. Der 1936 gebaute Schnellzugloktyp mit seiner stromlinienförmigen Hülle erhielt bei der technischen Ausstellung in Paris die Goldmedaille für seine gelungene und optisch elegante Konstruktion.

Bei allen polnischen Neubauloks geben die beiden Ziffern nach den Buchstaben das Konstruktionsjahr an. Die Ol 49-69 wurde also 1949 konstruiert und sie ist die 69. Lok aus dieser Serie. Wegen ihres niedrigen Achsdrucks von 17 Tonnen wurde sie hauptsächlich auf Nebenstrecken eingesetzt. Ihr geschlossenes Führerhaus machte sie bei den Lokführern besonders beliebt.

Ein besonderes Schmuckstück ist die Pt 47. Diese Baureihe wurde nach dem Krieg für den Schnellzugdienst eingesetzt. Mit ihren 2 000 PS bringt sie eine Höchstgeschwindigkeit von 110 km/h auf die Strecke.

Bei der Pt 47-65 ist die Frist der Zwischenuntersuchung allerdings im Juli 2005 abgelaufen und jetzt muss sie in Wolsztyn bedauerlicherweise unter freiem Himmel auf die Untersuchung warten. Für den Lokschuppen ist sie zu lang, man könnte im Winter die Einfahrtstore nicht zumachen.

Noch kein altes Eisen

Die Eisenbahnfreunde können sich auf dem gesamten Betriebsgelände frei bewegen und den Eisenbahnern bei der Arbeit zusehen. Auch die Stadt Wolsztyn hat das Betriebswerk als Tourismusmagnet erkannt und unterstützt die Eisenbahner.

Ein Blick in das Betriebswerk in Wollstein: Hier wird die Vergangenheit lebendig!

Das Betriebswerk Wollstein wurde 1907 als Bahndepot gebaut. Damals kümmerten sich 20 Leute um zwei Tenderlokomotiven der Baureihe T 9. Mehr war anfangs dort nicht los, erst 1910 wurde der Lokschuppen von zwei auf acht Stände ausgebaut, der Verkehr wuchs.

Ab 1941 fuhren täglich 30 Personen- und 20 Güterzüge von Wollstein aus. Nach dem Zweiten Weltkrieg, nun zu Polen gehörend, arbeiteten dort 250 Eisenbahner. 1957 wurde das Depot zum Bahnbetriebswerk erhoben. In dieser Zeit kamen auch die meisten neuen Loks nach Wollstein.

Teilweise wird noch wie anno dazumal gearbeitet. Natürlich gibt modernere Arten der Bekohlung, aber Wolsztyn hat es sich zum Ziel gesetzt, die Vergangenheit so lebendig und authentisch wie möglich darzustellen, deswegen gehören Kohlekräne aus der Gründerzeit noch nicht zum alten Eisen. Es gibt noch zwei; der dritte ist leider 1999 abgerissen und verschrottet worden.

Die alte preußische Drehscheibe stammt aus dem Jahre 1907. Sie wurde von der Firma Wischer aus Stargard in Pommern gebaut.

Die preußische P 8

Es ist noch gar nicht so lange her, da wurde hier noch das »Mädchen für alles« abgeölt: die Ok 1-359, letzte Vertreterin der ältesten noch betriebsfähigen Baureihe der PKP, vielen besser bekannt unter

Die alte Technik rund um den Wollsteiner Bahnhof lässt jedes Eisenbahner-Herz schneller schlagen – im Stellwerk geht es noch zu wie vor 100 Jahren.

der Bezeichnung preußische P 8. Von diesem erfolgreichen Typ wurden insgesamt 3800 Stück gebaut. Einige dieser Lokomotiven kamen nach dem Ersten Weltkrieg als Reparation nach Polen. Die Staatsbahn PKP war so zufrieden mit der P 8, dass sie im Jahre 1922 weitere Loks bestellte.

Die 1936 gebaute Schnellzuglokomotive Pm 36-1 erhielt bei der technischen Ausstellung in Paris für ihre gelungene und optisch elegante Konstruktion die Goldmedaille.

Das Hauptgebäude des Betriebswerks beherbergt heute ein kleines Eisenbahnmuseum. Dort wird die Geschichte des Bahnhofs Wolsztyn und des Betriebswerkes anschaulisch dokumentiert. Die unterschiedlichsten Eisenbahner-Utensilien aus längst vergangenen Zeiten bietet das Museum an. Die interessanten Führungen gibt es übrigens auch auf Deutsch. Neben dem Museum sind im Hauptgebäude auch Büros untergebracht; für das Lokpersonal stehen hier auch Schlafräume und sanitäre Anlagen zur Verfügung.

Auf Bestellung bietet das Betriebswerk verschiedene Sonderfahrten an, selbstverständlich mit Fotostopps. Diese Züge verkehren auf unterschiedlichen Strecken, auch Parallelfahrten stehen auf dem Programm. Wer aber lieber mit Plandampfzügen unterwegs ist, kann von Wolsztyn aus nach Leszno und Poznan dampfen. Gegen einen geringen Aufpreis

kann man auf der Strecke nach Poznan sogar im Führerstand mitfahren.
Früher gab es auch die Möglichkeit, in planmäßigen Güterzügen im angehängten Personenwagen in Richtung Konotop und Kargowa mitzureisen. Aber das ist leider Bahngeschichte, wie auch die dampfbespannten Güterzüge.

Unterwegs mit Donnerbüchsen

Die Gebäude des Betriebswerks in Wolsztyn sind weitgehend in ihrem ursprünglichen Zustand. So auch der älteste Bau, der 1907 errichtete Wasserturm mit seinem Stahlwasserbehälter. Die Füllmenge beträgt satte 100 Kubikmeter. Gute Aussicht auf das Betriebswerk hat man vom direkt gegenüberliegenden Stellwerk, auch ein Bau aus längst vergangenen Zeiten. Die museal anmutende Atmosphäre des Stellwerkes täuscht nicht: Einige Anlagen stammen von 1886, dem Jahr, als in Wolsztyn die erste Strecke nach Zbaszynek in Betrieb genommen wurde. Die Blockanlage etwa ist von 1906, doch die alte Technik arbeitet heute wie damals und gewährleistet auch einhundert Jahre noch später einen geordneten Bahnbetrieb.
Die älteste Lok in Wolsztyn ist die Tki 3-87, 1908 bei der Union Gießerei in Königsberg gebaut. Leider ist das letzte Exemplar des preußischen Dampfloktyps T 9.3 nicht mehr betriebsfähig. Sie war häufig mit Donnerbüchsen unterwegs. Diese Wagen deutscher Herkunft, zwischen 1928 und 1930 gebaut, waren in Polen noch bis 1989 in planmäßigem Einsatz und werden auch heute noch bei Museumsfahrten eingesetzt. Sie kamen zu ihrem ungewöhnlichen Namen durch Ihren metallenen Aufbau, der bei Schienenstößen ein donnerndes Geräusch von sich gab; schon war der Spitzname geboren.

Von den sieben betriebsfähigen Dampflokomotiven sind täglich drei im Einsatz.

Eine Nacht im Betriebswerk

Nachts ist die Atmosphäre im Betriebswerk beinahe unbeschreiblich: Drei Dampflokomotiven stehen im so genannten Ruhefeuer, rauchen und zischen leise vor sich hin – ein faszinierende Anblick, der so regelmäßig kein zweites Mal zu erleben ist. Die erste Damapf-Abfahrt ist 5.16 Uhr nach Poznan, 8.47 Uhr geht es nach Leszno und 11.36 Uhr wieder nach Poznan. Die Ankunftszeiten sind 10.45 Uhr, 16.32 Uhr und 22.13 Uhr. Wer das Betriebswerk bei Nacht erleben möchte, quartiert, sich am besten gleich im Hauptgebäude ein. Die Übernachtung

Nachts, wenn die Loks im Ruhefeuer stehen, ist die Atmosphäre im Betriebswerk sensationell.

in den 1-, 3- und 4-Bett-Zimmern kostet derzeit etwa 10 Euro pro Person und Nacht. Frühstück gibt es nicht, für Selbstverpfleger steht jedoch eine Küche zur Verfügung.

Das Besondere in dieser musealen Umgebung: man fühlt sich nicht wie in einem herkömmlichen Museum, denn man darf alles anfassen, überall mitfahren. Die Exponate sind nicht museumsreif restauriert, sondern wurden für den alltäglichen Betrieb wiederhergerichtet. Alles bewegt sich, nichts glänzt, sondern ist voller Kohlenstaub.

2007 wird das Betriebswerk Wolsztyn seinen 100. Geburtstag begehen – und sicherlich auch feiern, mit tausenden Gästen und einer gehörigen Portion Dampf.

Die Albula-Bahn: ein rhätisches Gleiskarussell

Jodeln gehört in der Schweiz einfach dazu. Als im Jahr 2004 die Albula-Linie ihren 100. Geburtstag feierte, verkündete tatsächlich eine jodelnde Lok via Tonband das Jubiläum der spektakulärsten Alpenbahn im rätoromanischen Sprachraum.

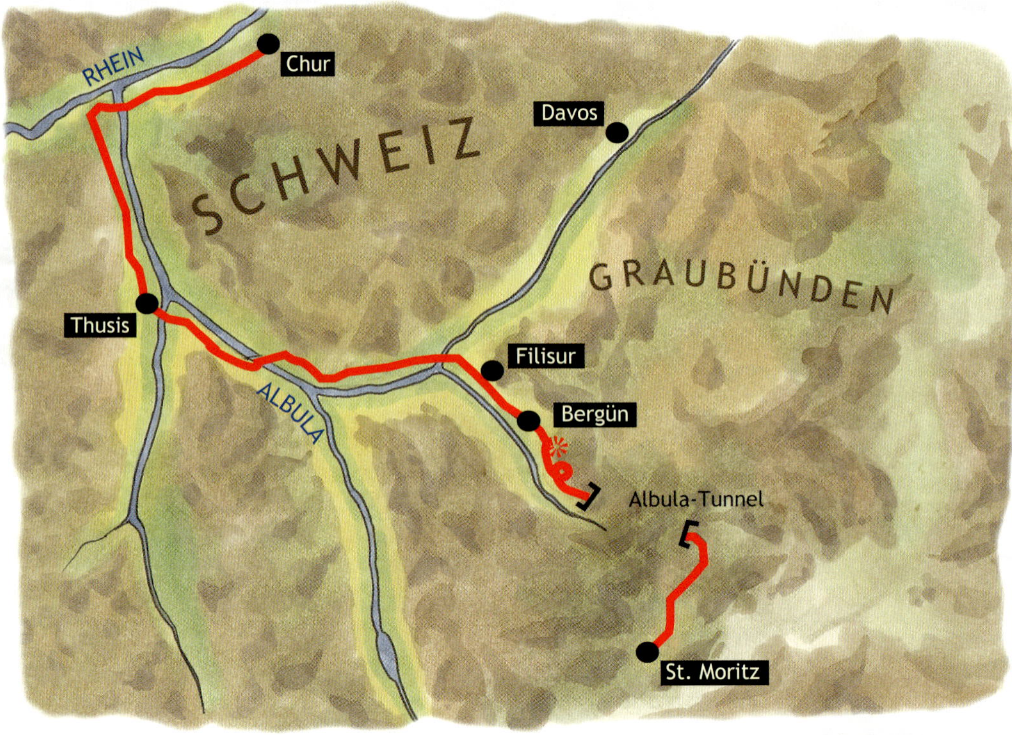

So wie die Topographie die Strecke formte, so prägt die Albula-Bahn die Berglandschaft. Für die Menschen, die hier leben, ist sie die Nabelschnur von der Graubündner Kantonshauptstadt Chur hinauf nach St. Moritz. Die Albula-Strecke ist nur ein Abschnitt auf dem meterspurigen Netz der Rhätischen Bahn.

Die Albula-Bahn ist eine der spektakulärsten Alpenbahnen und ein eisenbahntechnisches Gesamtkunstwerk.

Nach 60 Kilometern Länge erreicht sie hinter dem Albula-Tunnel, dem höchsten Alpendurchstich Europas, das Engadin.

Bei der Linienführung der Albula-Bahn kann man hier leicht die Orientierung verlieren. Die Gleise folgen nicht etwa einer geradlinigen Streckenführung, sondern winden sich in ihrem Kernstück über Viadukte, Kehrschleifen und Kehrtunnels durch das enge Tal. Immer wieder ist es überraschend, wo der Zug als nächstes auftaucht – fast gewinnt man den Eindruck, in einer Alpen-Achterbahn zu sitzen.

Ein eisenbahntechnisches Gesamtkunstwerk

Auf dem Fahrplan der Rhätischen Bahn sind regelmäßig Nostalgiefahrten zu finden. Der Erhalt historischer Fahrzeuge – selbstverständlich in fahrtüchtigem Zustand – ist ihr ein wichtiges Anliegen. An allererster Stelle steht natürlich das Rhätische Krokodil, bekannt nicht nur unter eingefleischten Eisenbahnfreunden. Ab 1921 wurde diese elektrische Lokomotive gebaut, von der insgesamt 15 Exemplare hergestellt wurden.

Zusammen mit ihrem historischen Wagenpark ist die Albula-Bahn ein eisenbahntechnisches Gesamtkunstwerk. Der Schienenstrang im Tal der Albula führt durch 39 Tunnels und über 55 Brücken und Viadukte. Viele behaupten, es sei die spektakulärste Bahn in den Alpen. Skeptiker werden ihre Zweifel spätestens beim Anblick des Wahrzeichens der Strecke ad acta legen, dem Landwasser-Viadukt. Diese kühne Brückenkonstruktion hängt an der senkrechten Felswand und führt direkt in den gleichnamigen Tunnel. Ganz leicht neigt sich dabei in 65 Metern Höhe die Trasse nach rechts in den Innenradius. Für Ingenieure, Geometer und Arbeiter war der Bau der Albula-Strecke eine ein-

zige Herausforderung. Gebaut wurden die massiven Natursteinbrücken für wesentlich geringere Zuglasten als die, die sie heute oft tragen müssen, doch selbst doppelte Tonnenlast der Züge ist kein Problem für die Trasse und ihre Bauwerke. Seit 1903 hat sich die Streckenführung nicht verändert. Und nach Studien der Technischen Hochschule in Zürich würde die Bahnlinie auch heute noch genau so gebaut werden wie zu ihren Gründerjahren.

Von Preda nach Bergün

In nur fünf Jahren – von 1898 bis 1903 – wurde die knapp 62 Kilometer lange Strecke der Albula-Bahn fertig gestellt. Über 5 000 Arbeiter waren daran beteiligt; die Ingenieure konnten damals schon auf ihre Bauerfahrungen vom Gotthard-Tunnel zurückgreifen.

Die größte Herausforderung lag in den Talstufen zwischen Bergün und Preda. In Bergün beginnt der waghalsigste Stre-

Seltenes Spektakel auf der Rhätischen Bahn: ein Zug unter Dampf.

ckenabschnitt: Auf 12,6 Kilometern Streckenlänge mussten hier 416 Höhenmeter überwunden werden. Um ohne Zahnrad auszukommen, war eine künstliche Verlängerung der Trasse nötig, und so befährt der Zug auf diesem Herzstück der Gebirgsstrecke sieben Viadukte, drei Kehr- und zwei Wendetunnel und wechselt dabei viermal die Talseite. Hinauf nach Preda bezwingt das Krokodil damit eine Steigung von bis zu 35 Promille. Noch heute profitieren die Fahrgäste von dieser verwirrend schönen Streckenführung, einer Meisterleistung der Bahnbauer.

Über 1000 Arbeiter standen speziell für den Tunnelbau in Lohn und Brot. Gearbeitet wurde rund um die Uhr: 24 Stunden in drei Schichten. Vier Jahre lang gruben sich die Bauarbeiter auf finsteren 5,8 Kilometern durch den Berg, bis im Mai 1902 endlich der Durchstich gefeiert werden konnte.

Der Tourismus hält Einzug

Mit den ersten Zügen ab 1903 begann auch in Bergün ein neues Zeitalter. Aus Gründen des großen Höhenunterschieds

Garantiert volle Fahrt – die Kohle auf dem Tender, fein säuberlich sortiert.

Der Schienenstrang im Tal der Albula führt durch 39 Tunnels und über 55 Brücken und Viadukte.

wurde den Reisenden auf dem Weg nach St. Moritz früher dringlich ein Zwischenstopp empfohlen. Um sich auf das »Champagner-Klima« vorzubereiten, bot das Bergüner Kurhaus ab 1906 luxuriöse Unterkunft mit eleganten Fremdenzimmern in einer traumhaften Gegend. Der Tourismus boomte, und aus einer unzugänglichen Gegend wurde ein Luxusvergnügen für den internationalen Jetset.

Am 27. Juni 1903 empfing man feierlich den ersten Reisezug auf der neuen Strecke von Thusis nach Celerina in Samedan. Pferde-Omnibusse der Hotels aus dem vier Kilometer entfernten St. Moritz holten hier ihre Gäste ab: Ein Jahr lang konnte man sich in St. Moritz nicht für einen Bahnhof entscheiden, da man wegen des Rauchs aus den Loks um das Wohlergehen der Hotelgäste fürchtete. Heute hat der Bahnhof in St. Moritz längst seinen festen Platz, die Dampfloks haben seit Jahrzehnten das Feld geräumt.

Die Straße parallel zur Bahnstrecke über den Albula-Pass ist im Winter gesperrt und wird dann – Spaß muss sein – zur sechs Kilometer langen Schlittenbahn. Neuerdings setzt die Rhätische Bahn »Schlittenzüge« ein, die im Ein-Stunden-Takt, auch am Abend, direkt zu diesem romantischen Winterabenteuer führen.

Die Berge liegen der »kleinen Roten« buchstäblich zu Füßen.

Könnte man das Rad der Zeit zurückdrehen, müsste man sich bei den Erbauern der Albula-Strecke für diese herrliche Alpen-Achterbahn bedanken. Sie dokumentiert nicht nur eine außergewöhnliche Eisenbahn- und Technikgeschichte und besitzt als »Erlebnis- und Kulturbahn« einen unschätzbaren Wert, sondern sie meistert zudem bis heute mit Regel- und Güterzügen den Bahn-Alltag mit Bravour. Doch eines steht ganz sicher fest: Das außergewöhnlichste Vergnügen auf dem rhätischen Schmalspurkarussell bleibt eine Fahrt mit den nostalgischen Sonderzügen der Albula-Bahn.

Luxemburg:
von Kartoffelkäfern und Bügeleisen

Mit 87 Kilometern Länge und 65 Kilometern Breite ist das kleine Land überschaubar, ebenso wie das Streckennetz von 280 Kilometern Länge. »Kartoffelkäfer« und »Bügeleisen« sind Kult – keine Sorge, damit sind weder Tiere noch Haushaltsgegenstände gemeint, sondern die legendären Loks der luxemburgischen Eisenbahn.

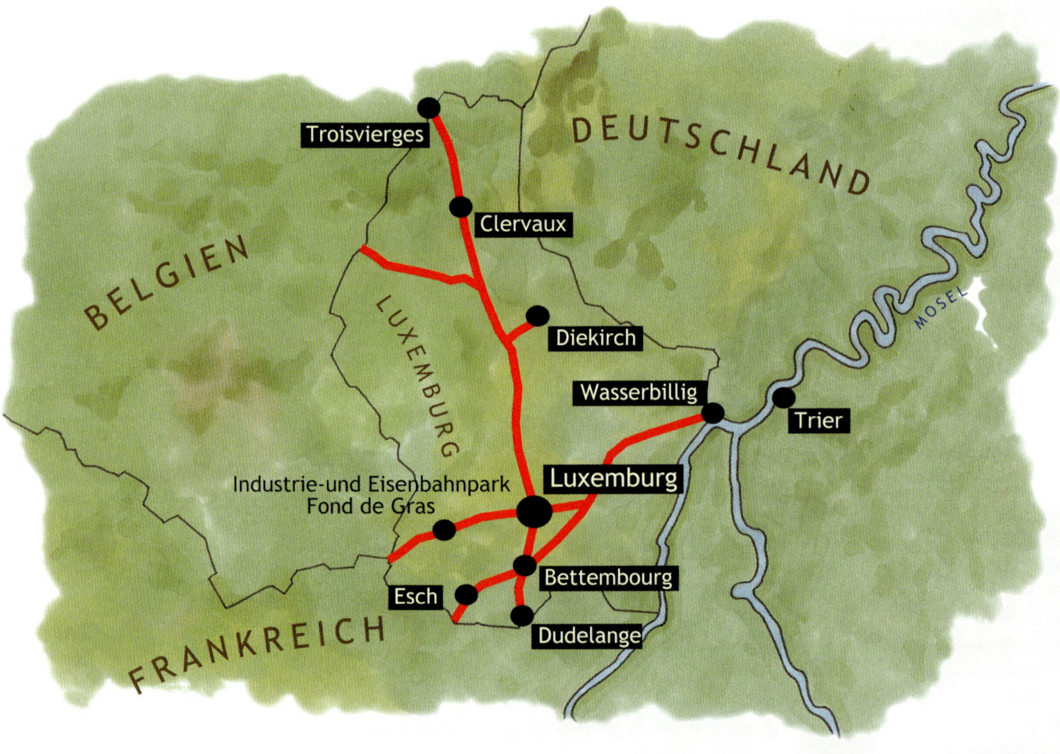

Der erste Blick im Großherzogtum Luxemburg gilt freilich nicht den Rössern aus Eisen und Stahl, sondern dem Wahrzeichen der Stadt: den drei Türmen der Liebfrauenkirche. Sehenswert sind auch die Reste der Lützelburg, die Stadt und Land ihren Namen gab, einst eine Festungsstadt zwischen Fels und Tal, sowie die 85 Meter hohe Europabrücke. 1994 wurde die Altstadt in den Tälern der Alzette und Petrusse zum Unesco-Weltkulturerbe ernannt.

Vor der Ausrottung bewahrt

Nicht ganz so hoch dekoriert ist eine Diesellok mit runder Schnauze und gestreiftem Arbeitskleid in weinrot und gelb. Dieses Design hat ihr ihren eingängigen Spitznamen eingebracht: »Kartoffelkäfer«. Die stählernen Kolosse gehören zur Gattung NoHAB, so genannt nach ihrer schwedischen Konstruktionsfirma Nydquist & Holm AB. Und die NoHABs sind nicht nur unter Dieselfans absoluter Kult.

Den luxemburgischen Kartoffelkäfer rettete allerdings nur ein ministerieller Beschluss vor der Ausrottung. In Zusammenarbeit mit der Staatsbahn kümmerte sich die Vereinigung »1604 classics« um die Restaurierung. Jetzt ist der Kartoffelkäfer mit der Betriebsnummer 1604 stolzes Nationalmonument von Luxemburg.

Unterirdisch über die Grenze

Früher war Luxemburgs Süden gesegnet mit einer blühenden Eisenerz- und Hüttenindustrie. Eines der Zentren lag in Rumelange. Seit Ende der 60er Jahren haben sämtliche Stollen der Gegend dichtgemacht, nur der Walert-Stollen wurde als nationales Grubenmuseum offengelassen. Das luxemburgische Kultusministerium

Das gestreifte Design hat den stählernen Kolossen den Spitznamen »Kartoffelkäfer« eingebracht.

hat das Gelände unter Denkmalschutz gestellt und nutzt es zur Erinnerung an die Industrialisierung des Landes.

Kleine Grubenbahnen bringen die Besucher 106 Meter unter die Erde, wo sie von ehemaligen Minenarbeitern in die Geheimnisse des Bergbaus eingeführt werden: Jeden Sonn- und Feiertag zwischen Anfang Mai und Ende September beginnt im alten Verladebahnhof von Petange eine Reise in den Industrie- und Eisenbahnpark Fond-de-Gras. Meist sind es Schienenbusse, die die Gäste holen, doch wenn man Glück hat, machen zwei

Dampfrösser ihre Aufwartung und ziehen den Train 1900, darunter Lok 5, gebaut 1912 von Orenstein & Koppel in Berlin. Mit der 700-Millimeter-Schmalspurbahn »Miniersbunn« geht die Besichtigungstour weiter. Zuerst mit Dampf, später durch den Berg mit Elektroloks.

Die Strecke liegt mitten im Erzgrubengebiet von Luxemburg. Einst wurde hier das Erz, die »Minette«, aus den Stollen zu den Hochöfen transportiert, jetzt hat der Verein »Association des Musée et Tourisme Ferroviaires« eine intakte nostalgische Welt für Hobbyeisenbahner geschaffen. Insgesamt besitzt der Verein 44 Elektro- und Dieselloks, zwölf davon sind fahrbereit.

Es ist eine interessante Fahrt, geht es doch nicht nur durch die Industrieregion von Lasauvage, sondern auch hinüber nach Frankreich: Die Grenze verläuft in dieser Gegend quer durch den Berg.

Pferdestärken in der Erzmine

Neben der normalspurigen Dampfidylle des Vereins erinnert in Fond-de-Gras Luxemburgs einzige Schmalspur-Museumsbahn, die »Minièresbunn Dhoil«, an die Geschichte der ehemaligen Erzminen der Rodanger-Hütte und ihrer Mineure aus Frankreich, Polen, Deutschland und Italien, die hier ihr hartes Brot verdienten: als Hauer, Schlepper oder Pferdetreiber. Bis zu vier Tonnen wog eine voll geladenen Lore – eine mühselige Arbeit, die noch bis Ende der 40er Jahre des letzten Jahrhunderts von Pferden verrichtet wurde.

Eines dieser schweren Tiere führt die Tradition als Anschauungsunterricht für die Museumsbesucher weiter, natürlich mit einem Bruchteil des Gewichts, und erhält nach gelungener Darbietung nicht selten von den Zuschauern einen Apfel.

Die Reichsbahnreihe 42

Die nächste Station ist der Hauptbahnhof von Luxemburg, ein Bau, der beim ersten Blick an eine Kirche erinnert – Bahnhöfe galten ja als die »Kathedralen des Fortschritts«. Der Luxemburger Hauptbahnhof besticht durch seine Architektur und darüber hinaus durch seinen großen Uhrturm.

Anschauungsunterricht: Bis vor 60 Jahren haben Pferde die bis zu vier Tonnen schweren Loren aus de Minen gezogen.

Das beste, was die luxemburgische Eisenbahn zu bietet hat: die Lok 5519 – ein Exemplar der so genannten Reichsbahnreihe 42.

Vor dem Zug an Bahnsteig 3 steht das Beste, was die luxemburgische Eisenbahn, die CFL, an Dampfloks zu bieten hat – allerdings ist es auch das einzige, das nach der großen Ausmusterungswelle 1964 aus dem Fuhrpark der luxemburgischen Staatsbahn vor der drohenden Verschrottung bewahrt werden konnte. Es handelt sich um die Lok 5519, ein Exemplar der zweizylindrigen Güterzuglokomotiven, die den Kennern bekannt sind als Reichsbahnreihe 42.

Sie verdankt ihre Rettung vor allem einem privaten Verein, dem staatlichen Denkmalschutzamt und den historisch interessierten Verantwortlichen bei der CFL. Wie der Kartoffelkäfer ist auch Dampflok 5519 ein Nationalmonument des Landes.

Lok 5519 stand während ihrer Dienstzeit in Bettemburg. Nach der Ausmusterung rostete sie zerlegt in einem Park vor sich hin, bis Dampfenthusiasten Rettungs-

Bügeleisen – beliebt im Haushalt und auf dem Gleis.

maßnahmen einleiteten. In der thüringischen Dampflokschmiede Meiningen wurde sie nach der Wende runderneuert und begann 1991, nach 23 Jahren Stillstand, ihr Leben als Museumslok. Als letzte ihrer Art in Luxemburg wird sie gehegt, gepflegt und bewundert.

An einem Tag durchs ganze Netz

An einem Tag kann man spielend den gesamten Teil des Luxemburger Netzes befahren, egal ob es nach Clervaux mitten in den Ardennen geht, dem steilsten Streckenteil der Eisenbahn Luxemburgs, mit 23 Tunnels, nach Esch im Süden oder über den großen Steinviadukt von Luxemburg. Allein der Wettergott hatte bei unserem Besuch kein Einsehen, deshalb präsentierte sich 5519 auch nicht im Sonnenglanz. Dennoch bei jedem Wetter eine Augenweide: die Einfahrt des Sonderzugs in die Hauptstadt mit grandiosem Panoramablick.

Ganz unterschiedliche Lokomotiven sind noch auf Luxemburgs Gleisen unterwegs, eine geradezu erstaunliche Vielfalt für ein solch kleines Bahnnetz. Und alle kann man im Lok-Depot von Luxemburg besichtigen; der »Kartoffelkäfer« hat ebenso wie andere Lokveteranen seinen Platz auf der Drehscheibe.

Dort bekommen wir tatsächlich noch eine E-Lok aus der Baureihe 3600 zu Gesicht, besser bekannt unter dem Namen »Bügeleisen«. 20 Stück dieses Typs waren bei der luxemburgischen Eisenbahn im Einsatz, gebaut ab 1958. Momentan ist das Team, das den »Kartoffelkäfer« betreut, dabei, auch das »Bügeleisen« aufzuarbeiten. 2007 soll die zukünftige Museumslok

auf Jungfernfahrt gehen. Spätestens dann wird es wieder Zeit, unserem kleinen westlichen Nachbarn wieder einen Besuch abzustatten. Bis dahin gilt: adieu Bügeleisen und Kartoffelkäfer, adieu Luxemburg.

Einfahrt in die Hauptstadt Luxemburg – auch bei schlechtem Wetter für jeden Fahrgast ein Genuss!

Der Desert-Express: im Luxuszug durch Namibia

Zweimal wöchentlich spielt sich auf dem Bahnhof von Windhoek die gleiche Szene ab: Jeden Dienstag und Freitag startet der Desert-Express in Richtung Atlantikküste – und zwei- oder dreimal im Jahr steht er für eine ganz spezielle Fahrt auf der historischen Strecke nach Tsumeb im Norden Namibias bereit.

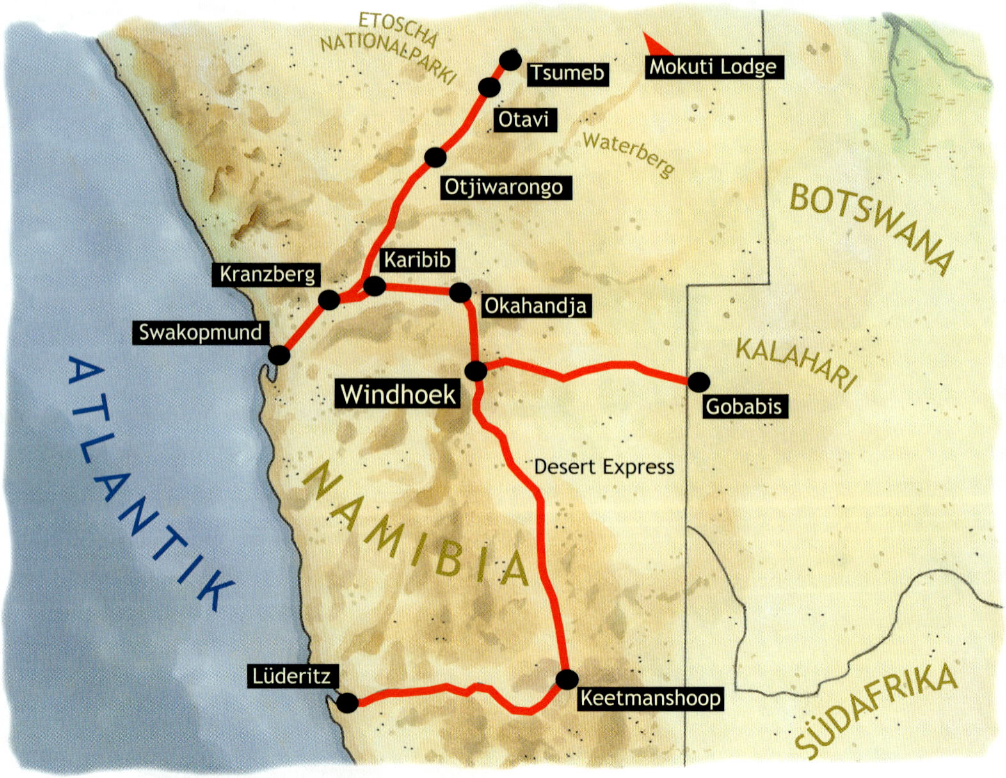

Vor der Abfahrt statten wir dem Zentrum von Windhoek mit seiner wilhelminischen Architektur einen Besuch ab. Sie stammt noch aus der Zeit der Kolonialherrschaft von 1884 bis 1918, als Namibia Kolonie des deutschen Reiches war und Deutsch-Südwestafrika hieß. Erst 1990 wird Namibia nach über hundert Jahren Fremdbestimmung unabhängig. Aus der ehemaligen Kaiserstraße wurde die Independence Avenue, die Straße der Unabhängigkeit. Windhoek ist eine verwirrende Mischung aus moderner Architektur und kolonialen Relikten, das wirtschaftliche und kulturelle Zentrum des Landes und der Hauptsitz der Trans-Namib-Eisenbahngesellschaft.

Der Bahnhof in Windhoek.

Eisenbahn statt Ochsenverkehr

Der Desert-Express scheint der einzige Zug zu sein, der die Hauptstadt Windhoek verlässt, denn es ist heller Tag, die regulären Personenzüge starten erst am Abend. Auch der Blick durch die einsame Schalterhalle, ein repräsentativer Kolonialbau von 1912, Symbol der »neuen Staatsbahn«, wirkt wie eine Zeitreise in die Vergangenheit dieses Landes. Im ersten Stock ist heute das Trans-Namib-Museum beheimatet.

Dort erfährt man, dass vor dem Bau der Eisenbahn der gesamte Verkehr mit Ochsenkarren bewältigt wurde. Doch 1897 brach die Rinderpest aus, und fast alle Tiere starben, mit der Folge, dass die Existenzgrundlage des einheimischen Herero-Stammes schwer erschüttert wurde und der Verkehr komplett zusammenbrach. Damals fiel die Entscheidung für den Bau einer Eisenbahn, auch wenn an einen Luxuszug wie den Desert-Express damals natürlich noch nicht zu denken war. Mit der Eröffnung der Staatsbahn von Swakopmund nach Windhoek wurde die erste große Bahnstrecke Namibias 1902 Wirklichkeit.

Es ist 9 Uhr vormittags, und die Lokomotive mit 2000 Pferdestärken beschleunigt den voll besetzten Desert-Express recht gemächlich. An erster Stelle steht der Reisegenuss – nur keine Hektik! Unsere Durchschnittsgeschwindigkeit liegt bei 40 bis 50 Stundenkilometern. Vier Tage wird diese Sonderfahrt dauern, mit Übernachtungen im Zug und kompletter Verpflegung mit feinsten Speisen. Außerdem stehen verschiedene Ausflüge auf dem Programm. Doch zunächst stimmt man sich im Bar-Wagen in der »Spitzkoppe Lounge«, bei einem Cocktail auf die Reise ein.

Luxushotel auf Schienen

Der Desert-Express hat Windhoek, das auf einem Hochplateau in über 1600 Metern Höhe liegt, in Richtung Norden hinter sich gelassen. Auf dem knapp 2400 Kilometer langen Streckennetz der staat-

Für das leibliche Wohl ist gesorgt: Der Barwagen (links) und der Restaurantwagen (rechts) lassen keine Wünsche offen.

lichen Eisenbahngesellschaft führt die Reise auf 1067 Millimeter breiten Kapspur-Gleisen nach Tsumeb, einer Kleinstadt am Rande der Etosha-Pfanne, einem der größten Nationalparks in Afrika.
1998 wurde der Desert-Express nach 18 Monaten Bauzeit und 250 000 Arbeitsstunden in Windhoek den Gleisen übergeben. In der Innenausstattung der Wagen finden sich auf Teppichen, Glastüren und Wandelementen viele Motive aus Namibias Tier- und Pflanzenwelt wieder. Und das Bad in jedem Abteil verspricht maximalen Nutzen auf minimalem Raum: Mit Dusche, verschiebbarem Waschbecken und Toilette bleiben selbst in der Wüste keine Wünsche offen; das Hotel auf Schienen bietet Fünf-Sterne-Komfort.

Zeugen der deutschen Vergangenheit

Auf seiner ersten Etappe überquert der Desert-Express auf einer Stahlbrücke den Okahandja-Fluss. Wasser sieht man hier allerdings keines, doch die Naturgewalten sind in Namibia unberechenbar, vor allem in der Regenzeit – dann verwandelt sich das ausgetrocknete Flussbett in Minutenschnelle in einen reißenden Strom. Wie ein Ungetüm auf Schienen durchbricht der Desert-Express die Stille der Savannenlandschaft. Erst seit knapp einem Jahrzehnt gleitet der vollklimatisierte Luxuszug über die eingleisige Strecke.
Der Bahnhof Okahandja, der wie jeder Bahnhof an der Strecke von der deutschen Kolonialarchitektur geprägt ist, bietet die erste Gelegenheit für einen Stopp. Bei den Dreharbeiten werden wir auf deutsch von einem Einheimischen angesprochen, der uns eine Vorstellung davon vermittelt, welche Spuren die Kolonialzeit im Land hinterlassen hat: Sein Name sei Willi, ob er zweiundsiebzig oder achtzig Jahre alt sei, wisse er nicht, denn niemand hätte seine Geburt dokumentiert. Er erzählt, Deutsch habe er von seinem Großvater gelernt, der als deutscher Pfarrer hier tätig gewesen sei. Die dunkle Hautfarbe stamme von seiner Herero-Großmutter.

Und, so erwähnte er noch, er sei ein großer Fan des deutschen Fußballs; Beckenbauer schätze er besonders.

Köstlichkeiten serviert in der Savanne

Ab 19 Uhr steht im Zug das Abendessen auf dem Programm. Die Vorbereitungen spielen sich in der rollenden Küche auf kleinstem Raum ab, doch es stellt für die Küchenchefin kein Problem dar, neben Frühstück und Mittagessen heute abend 37 Menüs zu servieren. Die Kreationen stammen von ihr selbst, Wildmedaillons sind nur ein Punkt auf dem delikaten Menüplan, und die Auswahl fällt bei drei Vorspeisen, vier Hauptgerichten und vier Dessert-Variationen nicht gerade leicht. Mit dem Dinner geht im Restaurant-Wagen der Tag zu Ende. Bis morgens um 5 Uhr bleibt der Zug in Otjiwarongo stehen, was einen erschütterungsfreien Schlaf verspricht. Die Betten befinden sich in Höhe des Panoramafensters, und wenn man früh genug erwacht, blickt man in eine vom Sonnenaufgang rot gefärbte Landschaft, für die man nicht einmal aufzustehen braucht. Ab 7 Uhr haben die Küchenchefin und ihre Mannschaft im Restaurant-Wagen das Frühstück vorbereitet, doch von Rührei und Toastbrot wird man bei dieser Zug-Safari immer wieder abgelenkt, wenn in der Buschsavanne die Köpfe von Giraffen über die Sträucher ragen.

Die beeindruckende Fahrt führt per Stahlbrücke über den Okahandja-Fluss.

Eine Trasse für den Erztransport

Wir fahren in die Endstation Tsumeb ein. Hier ist das Ende der nördlichsten Bahnstrecke Namibias erreicht, doch das soll sich bald ändern: Die Verlängerung der Trasse nach Angola ist bereits im Bau.

Tsumeb ist der Grund für die Existenz der Bahnstrecke, denn hier gab es Kupfer, Blei und Silber. Heute hat der Ort seine beste Zeit im Hinblick auf den Erzabbau längst hinter sich: Die Weltmarktpreise sind gefallen, der Unterhalt der Mine ist zu teuer. Als man erkannte, welche Schätze die Gegend barg, wurde 1901 in Berlin die deutsch-britische OMEG, die Otavi-Minen- und Eisenbahn-Gesellschaft gegründet. Für den Erztransport im großen Stil baute die Firma Arthur Koppel & Co im Auftrag der OMEG die Bahnlinie Swakopmund – Tsumeb.

Bei diesem großen privaten Eisenbahnbau reichte die Zahl der einheimischen Arbeiter bald nicht mehr aus. Es kamen Portugiesen, Russen und Italiener dazu, die in so genannten Koppel-Buden wohnten. Koppel-Buden sind kleinste Holzhütten – ein Vorläufer heutiger Wohncontainer. In nur drei Jahren wurde die 567 Kilometer lange Otavi-Bahn gebaut.

Sonnenuntergang in der Buschsavanne.

Reibungslos lief dies allerdings nicht ab: 1904 kam es zum Aufstand der Hereros – ein dunkles Kapitel der deutschen Kolonialgeschichte, bei dem Tausende Menschen der Urbevölkerung im Krieg gegen die Deutschen starben.
Außerdem musste der Bahnbau landschaftliche Hürden überwinden. Größtes Hindernis war dabei das Bobosgebirge südlich von Tsumeb. Heute erinnert in diesem tiefen Einschnitt nichts mehr an die Strapazen aus der Bauzeit der Otavi-Bahn, die ebenso wie die Staatsbahn in 600 Millimeter Spurweite gebaut und erst mit dem Ende des Dampfbetriebes in Namibia 1960 als letzter Streckenabschnitt zwischen Usakos und Tsumeb auf Kapspur umgebaut wurde. All diese Geschichten erzählt uns Ilse Schatz, und zwar in bestem hessischem Dialekt. Sie ist in Namibia geboren, die Mutter stammte aus dem Hessischen, der Vater aus Schwaben. Aus Liebe zueinander seien die beiden von den elterlichen Höfen geflohen und schließlich hier gestrandet, berichtet Ilse Schatz. Sie wuchs im Busch auf und gründete hier eine Familie. Sie erzählt uns von ihren Freundschaften zu Hereros und Buschleuten, die ihr oft im Leben zur Seite standen.

Auf Safari im Etosha-Nationalpark

In der Mokuti Lodge, einem paradiesischen Ort mit über 4000 Hektar Buschland zwischen Tsumeb und dem Etosha-Nationalpark, lässt es sich hervorragend entspannen. Am nächsten Tag steht der Höhepunkt der Reise an: das Abenteuer Etosha-Nationalpark, der nur mit dem Auto befahren werden darf. Aussteigen ist allerdings strengstens verboten! Etosha ist eines der schönsten und tierreichsten Naturschutzgebiete Afrikas. Hier sehen wir Namibias Wappentier: die Oryx-Antilope.

Namibias Wappentier ist die Oryx-Antilope.

Das Herzstück des Nationalparks ist die Etosha-Pfanne. In dieser Salzpfanne ist das verbleibende Wasser reich an Mineralien. Hier versammeln sich große Herden Zebras, Gnus, Antilopen, Warzenschweine und Strauße. In dem über 22000 Quadratkilometer großen Park ist es strikt verboten, aus dem Auto auszusteigen, sogar die Toiletten sind mit einem Wildzaun geschützt – wegen der Löwen, von denen wir leider keinen zu Gesicht bekommen. Am Nachmittag tritt der Desert-Express seine Rückreise an, und wir fahren zurück nach Windhoek – durch ein facettenreiches Land, reich an Natur und Geschichte und vor allem an Landschaften, von deren Reichtum und Weite wir in Europa nur träumen können.

Die Vivarais-Bahn: durchs heiße Herz Frankreichs

Im Südosten Frankreichs, im Departement Ardèche, liegt die Kleinstadt Tournon. Sie hat bei vielen Eisenbahnfreunden einen guten Namen, denn hier befindet sich der Ausgangspunkt einer liebenswerten dampfbetriebenen Schmalspurbahn.

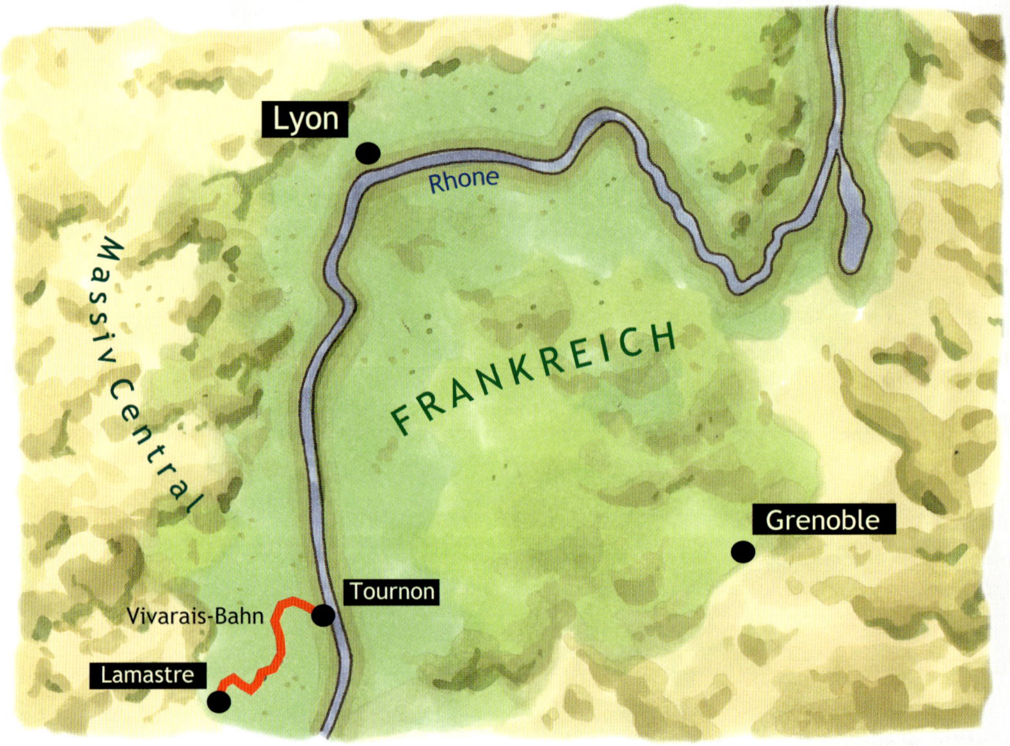

Zwischen Lyon und Valence im Rhônetal liegt das Städtchen Tournon. Von hier klettert »Le Mastrou«, wie die Strecke in Anlehnung an die Bewohner des heutigen Endbahnhofs genannt wird, 33 Kilometer hinauf nach Lamastre und überwindet dabei rund 250 Höhenmeter. Die ersten zwei Kilometer fahren wir auf der Strecke Lyon-Nimes und überqueren auf der Eisenbrücke den Fluß Doux. Die Trasse folgt seinem Verlauf hinauf Richtung Zentralmassiv.

Eine Mallet-Lok versieht treu ihren Dienst

Einst gab es hier ein rund 200 Kilometer langes Schmalspurnetz unter dem Dach der regionalen Bahngesellschaft »Chemin de Fer Departementaux«, kurz CFD. Heute ist nur eine Linie übrig geblieben. Die Mallet-Lok 403, eine Originalmaschine von hier, fuhr schon früher auf dieser Strecke, bis 1968 der Dampfbetrieb eingestellt wurde. Ein Vierteljahrhundert später wird die Lokomotive wieder für die Touristenbeförderung in Betrieb genommen. Sie wurde vor über 100 Jahren von SLM in Winterthur gebaut, hat 500 PS und ist speziell für Bergstrecken konstruiert.

Vivarais ist eine Gebirgsgegend, die lange Zeit sehr schwer erreichbar war. Für den Bau der Strecke von Tournon nach Lamastre, die 1891 eröffnet wurde, brauchte man fünf Jahre. Es wurden hauptsächlich regionale, landwirtschaftliche Erzeugnisse transportiert, Früchte wie Kirschen, Pfirsiche, aber auch Tiere von den Bauernhöfen sowie Holz aus den umliegenden Wäldern der Ardèche, das in den Kohleminen von St-Etienne benötigt wurde.

Der Name Ardèche kommt vom lateinischen »ardescere« und bedeutet so viel wie »in Brand geraten«. Die Römer hatten bei dieser Namensgebung aber wohl weniger das Heizen einer Dampflok im Sinn als vielmehr die brütende Hitze, die hier im Sommer herrscht.

Die Klappe am Schornstein der Dampflok schützt vor Funkenflug.

Protest einer Schlossbesitzerin

Die Dampfzüge fahren mit einer Höchstgeschwindigkeit von 40 Stundenkilometern; schnell genug für die etwas wacklig wirkenden, 1000 Millimeter breiten Gleise. In Boucieu-Le-Roi, einst Hauptort der Grafschaft Vivarais, wird frisches Wasser aufgenommen, denn für die Bergfahrt benötigt die Lok 6000 Liter Wasser und 1,2 Tonnen Kohle. Der Ort verdankt seinen Namen einem Besuch des französischen Königs Philipp des Schönen, der stets bemüht war, sein Reich zu vergrößern.

1291 führte er in dieser Gegend eine Verwaltungsreform durch, die seine Macht festigen sollte. Ihm zu Ehren nannten die Bewohner das Dorf von nun an Boucieu-le-Roi. In der Nähe gibt es auch ein Schloss. Als Ende 1968 der Zugverkehr nach Dunières eingestellt wurde, schloss die Comtesse von Chazotte, Besitzerin des Schlosses und große Anhängerin der Bahn, zum Zeichen ihres Protestes alle zur Strecke liegenden Fensterläden. Als sie erfuhr, dass eine Gruppe von passionierten Eisenbahn-Liebhabern eine Gesellschaft gegründet hatte, um zumindest ein Teilstück wiederzueröffnen, schloss sie sich spontan diesen Leuten an. Doch erst, als der Zugverkehr 1969 wiederaufgenommen wurde, öffnete die Comtesse wieder die Läden.

Freundlicher Schaffner.

Schwere sechsachsige Malletlok Nr. 403.

Für den Bau der 33 km langen Strecke von Tournon nach Lamastre brauchte man fünf Jahre.

Zwischen Nordpol und Äquator

Die Strecke gehört heute einer Touristikbahn mit Sitz in Lyon. Der Betrieb der Vivarais-Bahn ist der Freiwilligenorganisation SGVA zu verdanken, der etwa 300 Mitglieder angehören. Einige Dutzend von ihnen arbeiten hier regelmäßig auf ehrenamtlicher Basis, kümmern sich um die Pflege der historischen Fahrzeuge und halten sie am Laufen. Die Mitglieder der SGVA sind aber auch am Betrieb selbst beteiligt. Man sieht es der Gegend nicht an, aber in der Nähe liegt der 45. Breitengrad, wir befinden uns also in der Mitte zwischen Nordpol und Äquator. Es geht noch

Unterwegs im Vivarais.

Happy Birthday: Metallene Geburtsurkunde einer Hundertjährigen.

ein paar Kilometer durch hügeliges Land, dann erfolgt die Einfahrt in Lamastre, dem heutigen Endbahnhof. Das mehr als tausend Jahre alte Städtchen liegt 373 Meter über dem Meer. Früher konnte man mit der Bahn noch bis ins Loire-Tal weiterfahren, doch die Gleise wurden 1968 nach der vorübergehenden Stilllegung herausgerissen.

Es gibt hier nicht nur Dampfloks, sondern auch sogenannte »Autorails«. Diese Vehikel sind im Vivarais seit Mitte der 30er Jahre des letzten Jahrhunderts unterwegs. Schon damals war Dampfbetrieb teuer, und die Strecke wurde zunehmend mit diesen Dieseltriebwagen bedient. Mit 50 Stundenkilometern Spitzengeschwindigkeit sind sie etwas schneller als die Dampflokomotiven.

Auch diese Fahrt geht viel zu schnell zu Ende, und wir nehmen Abschied vom Vivarais, seinen netten Menschen, dem guten Essen, der herausragenden Landschaft und seiner reizvollen Museumseisenbahn.

Isle of Man: vielfältige Schienenwelt

Auf der kleinen Insel in der irischen See herrscht ein anderes Tempo als im übrigen Europa. Das Eiland scheint noch nicht recht im hektischen 21. Jahrhundert angekommen zu sein, was in seinem Motto »trady-loar«, keltisch für »Zeit genug«, sinnhaft zum Ausdruck kommt.

Der Bahnhof der Inselhauptstadt Douglas stammt aus der Zeit Queen Victorias und hat eine burgartige Atmosphäre. Seit ein paar Jahren ist hier ein Restaurant angegliedert, das vegetarische Speisen reicht. Hier stärken wir uns, bevor wir uns auf eine Zeitreise auf Schienen machen.

Im gemütlichen Tempo um die Insel

Von Ostern bis Ende Oktober geht es viermal pro Tag von Douglas Richtung Süden, im Schlepptau von Loks mit den Namen »Sutherland«, »Caledonia« oder »C. H. Wood«. Die Fahrt nach Port Eirin dauert etwa eine Dreiviertelstunde. Die Veteranen sind einigermaßen flott auf dem größtenteils frisch renovierten, 914 Millimeter schmalen Schienenstrang unterwegs. 40 Kilometer pro Stunde erreichen sie, angetrieben von polnischer oder kolumbianischer Kohle, denn englische ist zu teuer.

Vor der Abfahrt ist noch genügend Zeit für einen Abstecher in die Werkstatt der »Manx Steam Railway«. Auf der Isle of Man trifft antikes Eisen auf viel Geld und Enthusiasmus: In den letzten fünf Jahren wurden hier vier Lokomotiven restauriert – für insgesamt 1,5 Millionen Euro. Kleinere Reparaturen erfolgen nach Landesart, in aller Ruhe, in einer geradezu musealen Umgebung.
Die Personenwagen werden überwiegend in Heimarbeit auf Vordermann gebracht. 30 Vollzeitkräfte betreuen Pretiosen aus zwei vergangenen Jahrhunderten: Zwei Dutzend Waggons haben die Jahrzehnte überdauert, die Loks stammen zumeist von Beyer, Peacock & Company, Haus- und Hoflieferanten aus Gordon bei Manchester von 1872–1965. Dann ging die Firma pleite, und seitdem wird jedes Ersatzteil von Experten extra angefertigt, zum Großteil in England.

Traumhafte Streckenführung: Eisenbahn zwischen Fels und Meer.

Das älteste Parlament der Welt

In Castletown, der früheren Hauptstadt der Insel, einem Zwischenstopp auf der Strecke nach Port Erin, stolpert man auf der Isle of Man überall über Relikte aus der kriegerisch-monarchistischen Vergangenheit. Schon in grauer Vorzeit beriet

Die Bahnenvielfalt der Isle of Man: der Personenzug auf dem Weg nach Port Erin (oben) und die Überlandsstraßenbahn zwischen Douglas und Ramsey.

auf dem Eiland das älteste durchgängig tagende Parlament der Welt – vor 1000 Jahren stritten auf dem »Tynwald« die Wikinger. Nach den Wikingern kamen die Schotten, dann die Engländer. Unter sich waren die »Manx«, wie sich die Insulaner selbst nennen, in ihrer langen Geschichte auf ihrer Insel selten. Das hat sie Flexibilität gelehrt, symbolisiert durch ein Dreibein im Wappen. Seine Botschaft lautet: »Mach was du willst – ich falle immer wieder auf die Füße«. Die Isle of Man besitzt ein eigenes Autokennzeichen, druckt eigene Briefmarken, befolgt eigene Gesetze und hat neben dem britischen Pfund sogar eine eigene Währung. Bei aller Unabhängigkeit vom Mutterland: Auf der Insel-Währung taucht die Queen auf, allerdings ohne Krone.

In der Endstation Port Erin heißt es: Herzlich willkommen im frühen 20. Jahrhundert. Der Ort pflegt die Attitüden eines traditionsreichen britischen Seebads. Nur: Heute fliegt man mal eben nach Mallorca – und so bleiben die Besucherzahlen aus dem Jahr 1924 ein Rekord für die Ewigkeit: 1 344 620 Menschen wurden damals gezählt. Die gute alte Zeit! Der Tourismus boomte und machte die Insel wohlhabend. Vor allem in Douglas amüsierten sich die englischen Pauschaltouristen und machten die Insel wohlhabend. Douglas ist es bis heute: Hinter beeindruckenden Fassaden residieren Tausende internationaler Firmen oder haben zumindest einen Briefkasten – die Isle of Man ist ein Steuerparadies, das Leben ist teuer hier.

Seit Jahrzehnten ist die Insel nicht nur ein Highlight für Eisenbahnliebhaber, sondern auch ein Mekka der Motorradfahrer. »Tourist Trophy« heißt das Zauberwort, das jedes Jahr Tausende von Fans zu einem berühmt-berüchtigten Motorradrennen auf die Insel zieht.

Bürger retten ihre Eisenbahn

Anfang des 20. Jahrhunderts gab es auf der Isle of Man insgesamt fünf Eisenbahnlinien; vor der Einführung der Busse waren Schienenfahrzeuge die einzigen öffentlichen Verkehrsmittel. Seit den 30er Jahren nehmen die Passagierzahlen allerdings kontinuierlich ab. Doch immerhin seit 1898 rattern die Wagen der Inselstraßenbahn umweltfreundlich die 24 Kilometer zwischen Douglas und Ramsey im Norden hin und her. Zwölf Monate pro Jahr, bei Steigungen bis zu zwölf Prozent, immer längs der Küste. Und auf exakt derselben Spurbreite wie die Dampfloks ein paar Kilometer weiter südlich. Was für die »Manx Steam Railway« gilt, das gilt auch für die entfernten Verwandten der elektrischen Fraktion: Sie sind Schmuckstücke, ständig auf Hochglanz poliert, als gelte es, auch im schnöden Alltag Schönheitspreise zu gewinnen.

1976 sollten Dampf- und Straßenbahn wegen mangelnder Rentabilität eingestellt werden, doch die Bürger gingen auf die Gleiskörper, retteten Schienen, Züge, Wagen – und ein Stück Inselhistorie. Wenn »Tramcar Number one«, eine der ältesten elektrischen Überlandstraßenbahnen der Welt, blank gewienert das Depot in Douglas verlässt, ist man dankbar für so viel Eigeninitiative.

In Peel gibt es die schönsten Sonnenuntergänge der Welt.

Am Bahnhof von Port Erin werden Sie zweisprachig begrüßt.

Sonnenuntergänge und Bergfahrten

Wer Muße hat, sollte unbedingt einen Abend in Peel verbringen, einem kleinen Ort im Westen der Insel. Das Städtchen nennt sich selbst »Sunset City«, denn man ist stolz auf seine Sonnenuntergänge, die zu den schönsten der Welt gehören sollen. Der Sonnenaufgang dagegen zieht weniger Zuschauer an, uns führt eine morgendliche Inselrundfahrt immerhin an die Ostküste, nach Laxey, das ziemlich exakt in der Mitte zwischen Douglas und Ramsey liegt. Eigentlich ist es ein unbedeutender Flecken, für viele Touristen allerdings besitzt Laxey die Highlights des »Open Air Museum Isle of Man«.

Das »Laxey Wheel« ist das größte Wasserrad der Welt.

Highlight Nummer eins ist die allererste Bergbahn im gesamten britischen Empire, eine Sensation, die 1895 die Fachwelt elektrisierte. In Laxey steigt man in die »Snaefell Mountain Railway«, deren sieben Wagen von modifizierten Motoren der Aachener Straßenbahn aus den 50er Jahren angetrieben werden.

Ein Blick auf die Hauptinsel

Drei Fuß, sechs Zoll: Die Snaefell-Bahn ist um 152 Millimeter breiter als die beiden anderen Schmalspurbahnen. 600 Arbeiter schufen die Strecke binnen sieben Monaten, die wöchentliche Arbeitszeit – unvorstellbar in heutiger Zeit – betrug 60 Stunden.

Nach einer halben Stunde gemächlicher Fahrt gelangt man zum Snaefell, der höchsten Erhebung der Insel. Mit 620 Metern ist er nicht gerade ein Gigant – aber steil wirkt er von oben schon, zumindest ein wenig. Bei gutem Wetter, das hier leider nicht allzuoft anzutreffen ist, kann man vom Snaefell aus sogar bis Wales, Schottland, England und Irland sehen.

Die elektrische Bahn auf den Snaefell Mountain.

Das Highlight Nummer zwei bildet das »Laxey Wheel«, das größte Wasserrad der Welt. 1854 wurde es errichtet, um die lokalen Bleiminen leerzupumpen. Über 4000 Menschen strömten zusammen, als es in Betrieb genommen und nach der Gouverneursgattin »Lady Isabella" getauft wurde. Bis 1929 schaufelte das Rad unermüdlich und pausenlos mehr als 1000 Liter pro Minute aus den Minen. Nach einer Rundumerneuerung ist das Rad heute optisch äußerst reizvoll, jedoch nicht mehr in Betrieb.

Das größte Wasserrad der Welt: Zu aktiven Zeiten pumpte »Lady Isabella« mehr als 1000 Liter Wasser pro Minute aus den Minen.

Eine Pferdebahn in der Fußgängerzone

Wem die maschinengetriebenen Bahnen noch zu hektisch sind und elf Stundenkilometer als ein angemessenes Tempo empfindet, ist hier auf Insel ebenfalls bestens aufgehoben. Auf der Promenade von Douglas verkehrt seit dem 19. Jahrhundert die natürlichste Schmalspurbahn der Welt, wenn auch nur im Sommer. Die »Horse Tramway« bewältigt vier Kilometer in 20 Minuten.

Die rund 40 diensttuenden Pferde haben es gut: Die maximale Arbeitszeit beträgt zwei Stunden pro Tag, und zwischen den Schienen hat man eigens einen weichen Spezialboden ausgebracht, damit es sich leichter läuft. Heu gibt es bis zum Abwinken, und als Facharbeiterzulage stehen jedem Ross täglich zwei XXL-Eimer Hafer zu. Spätestens im Alter von 20 Jahren erfolgt der endgültige Schichtwechsel, und es geht ins Altersheim für pensionierte Zugpferde.

Allmählich wird es Zeit, Abschied zu nehmen von der Isle of Man, diesem nostalgischen Erlebnispark in der Irischen See. Es stimmt tatsächlich: Das Leben hier ist weit weniger hektisch als in England, oder wie es hier genannt wird, »auf der angrenzenden Insel«.

Die Ybbstalbahn: auf historischen Gleisen durch die Eisenwurzen

Gemächlich schnauft sie auf schmalen Gleisen durch eine wildromantische Landschaft und ein uraltes Siedlungsgebiet mit dem klingenden Namen »Eisenwurzen«: die Ybbstalbahn, beheimatet im Südwesten Niederösterreichs.

Etwa auf halbem Wege zwischen St. Pölten und Linz im Ötscherland, benannt nach dem 1 893 Meter hohen Berg Ötscher, verläuft ihre Strecke. Von Waidhofen bis Lunz am See wird die Strecke von den Österreichischen Bundesbahnen, ÖBB, betrieben. Um die sogenannte Bergstrecke zwischen Lunz am See und Kienberg-Gaming kümmert sich ein Eisenbahnverein, die ÖGLB. Und hier, am eigentlichen Endpunkt Kienberg-Gaming, der Anschluss an das normalspurige Streckennetz hat, soll unser Dampfabenteuer beginnen.

Die steilste unter den Schmalspurbahnen

Der Zug besitzt einen wohlklingenden Namen, bei dem eine Anleihe an die örtliche Bergwelt gemacht wurde: Ötscherland-Express. Er verkehrt allerdings nicht auf ganz so großem Fuße, sondern in Spurweite 760 Millimeter, also bosnische Schmalspur, die seit 1889 in Österreich-Ungarn eingesetzt wurde. Zwei Dampfrösser ziehen die Museumsbahn. Vorne die Lok »Molln«, die älteste betriebsfähige Schmalspur-Dampflok Österreichs, Baujahr 1890, ursprünglich auf der Steyrtalbahn beheimatet. Dahinter folgt die U 1, Baujahr 1898. Beide Lokomotiven stammen aus der Lokschmiede Krauss in Linz.

Nach etwa drei Kilometern dampfen wir an der Kartause Marienthron in Gaming vorbei. Sie gehört zu den bedeutendsten Kunstwerken der Gotik in Österreich und ist das größte Kartäuserkloster Mitteleuropas. Bis zu ihrer Aufhebung im Jahre 1782 durch Kaiser Joseph II. bildete die Kartause Gaming das geistige und wirtschaftliche Zentrum des Mostviertels, wie diese Gegend auch genannt wird.

Kräftig arbeiten müssen die Maschinen bei einer Steigung von bis zu 31,5 Promille. Ein Scheiteltunnel war beim Bau zu teuer, und so ist die Ybbstalbahn heute auch als die »steilste unter den Schmalen« bei den Reisenden bekannt.

In Österreichs wildem Westen

Einer der Höhepunkte auf der Bergstrecke sind die beiden Stahlbrückenkonstruktionen, die ein wenig an den Wilden Westen erinnern. Der Hühnernest-Viadukt ist 94 Meter lang und 28 Meter hoch. »Trestlework« heißt diese Konstruktion, die ihren Ursprung in Amerika hat, von den Einheimischen auch liebevoll »Spinngewebs-Brücke« genannt. Die Brücke wurde in der Nähe von Prag gefertigt. Es macht Spaß, dem Dampfzug bei der Überfahrt zuzuschauen, und für einen Augenblick hat man wirklich das Gefühl, gleich Cowboys und Indianern zu begegnen.

1988 wurde der öffentliche Verkehr auf der Strecke zwischen Kienberg-Gaming und Lunz am See eingestellt. Zwei Jahre später, im Sommer 1990, nahm hier die Österreichische Gesellschaft für Lokalbahnen, ÖGLB, den Museumsbetrieb auf. Seit 1990 haben die Eisenbahnfreunde der ÖGLB weit über 50 000 Arbeitsstunden in ihren Ötscherland-Express gesteckt. Die Museumsbahn dampft im Sommer an jedem Wochenende.

Dampfdoppel auf dem Hühnernest-Viadukt, der spektakulärsten Brücke der Strecke.

Wasser für die Lok, Most für die Fahrgäste

»Die Ybbstalbahn, die unermüdlich / Das vielgewundene Tal durchfährt, – / Sie ist so sicher und so friedlich / Und hat sich allezeit bewährt«, dichtete Elisabeth Kraus-Kassegg. Auch der Volksmund übte sich in der Dichtkunst, allerdings weniger zart: »Mit Sack und Pack nach Pfaffenschlag!« Die Station Pfaffenschlag liegt auf einer Höhe von 699 Metern über dem Meer und ist der Scheitelbahnhof der Bergstrecke. In Pfaffenschlag befindet sich auch die Wasserscheide zwischen den Flüssen Ybbs und Erlauf.

311 Höhenmeter hat die Bahn auf den letzten zwölf Kilometern zurückgelegt. Rund eine halbe Stunde hat sie dafür benötigt. Kein Wunder also, dass die Loks jetzt erst einmal mächtig Durst haben – so wie die Fahrgäste, die im Gegensatz zur Maschine ein Gläschen Most probieren können.

Nun geht es mit einem Gefälle von bis zu zwanzig Promille hinab in Richtung Lunz am See. Ihrer atemberaubenden Streckenführung verdankt die Ybbstalbahn auch das Prädikat »kleine Semmeringbahn«. Eingesetzt wurden auf der Ybbstalbahn fast alle in Österreich gebauten Schmalspurlokomotivbaureihen, ab 1896 haben die meisten der von Krauss in Linz gebauten Schmalspur-Dampfloks hier ihre Probefahrt gemacht und Lok Molln gab hier 2005 ihre letzte Vorstellung.

Einer der klarsten Seen Europas

Die letzten Meter der gut 17 Kilometer langen Museumsbahnstrecke fährt der »Ötscherland-Express« durch das Örtchen Lunz. Mit Begeisterung begrüßten die Lunzer im April 1898 in ihrer Gemeinde den ersten Bauzug. Im selben Jahr wurde mit drei Dampflokomotiven die Belastungsprobe durchgeführt. Auch die technisch-polizeiliche Prüfung verlief problemlos: Das Protokoll vermerkt ein »anstandsloses Resultat«.

64 Jahre später hatte es sich ausgedampft. Noch anderthalb Jahrzehnte hält sich die Bahn mehr schlecht als recht über Wasser, dann wird der Verkehr auf der Bergstrecke eingestellt. Zum Glück lebte der »Berg-Ast« der Ybbstalbahn Ende der 1970er aber weiter, als die Betriebsführung durch die vereinseigene Niederösterreichische Lokalbahnen-Betriebsgesellschaft, kurz NÖLB, übernommen wurde.

Lunz am See ist aber nicht nur wegen der Ybbstalbahn sehenswert. 1551 wurde hier das Amonhaus erbaut, eines der schönsten Hammerherrenhäuser. Hammerherren oder auch »schwarze Grafen« besaßen Schmieden, die sich im 16. Jahrhundert durch eine neue Technik, den Wasserhammer, zu Hammerwerken wandelten und der Region zu Wohlstand verhalfen. Darüber hinaus befindet sich in Lunz ein herrlicher See, umrahmt von Wald und Wiesen, hinter denen sich die österreichischen Alpen erheben. Der natürliche See, 1600 Meter lang und 500 Meter breit, zählt zu den klarsten Gewässern Europas.

Ständig von der Stilllegung bedroht

Von Lunz führt die Strecke weiter bis nach Waidhofen. Auf diesem knapp 54 Kilometer langen Abschnitt fahren jährlich mehr als 600000 Personen. Die ÖBB sorgen hier im Auftrag der NÖVOG, der Niederösterreichischen Verkehrsorganisationsgesellschaft, für den Bahnverkehr.

Allerdings ist es ein offenes Geheimnis, dass sich die Österreichischen Bundesbahnen lieber heute als morgen von dieser bzw. allen ihren Schmalspurbahnen trennen möchten. Noch 1998 war zwar in einer Festschrift der ÖBB anlässlich des 100. Geburtstags der Ybbstalbahn zu lesen: »Die Schmalspurbahn durch das Ybbstal ist heute eine Verkehrslinie, die der sicheren und zuverlässigen Beförderung von jährlich Tausenden Fahrgästen

Halt zum Wasserfassen.

dient.« Doch ähnlich wie bei der Deutschen Bahn fristet auch manche Bahnstrecke in unserem Nachbarland ein Schattendasein – dabei könnte auch eine Nebenbahn durchaus modern sein und profitabel betrieben werden.

Die Geschichte der »Eisenwurzen«

Der »Schafkäs-Express« rauscht Waidhofen entgegen. Die Ybbstalbahn wurde schon früh so genannt, da mit ihr eben Schafskäse transportiert wurde. Doch vor allem Holz für den in- und ausländischen Bedarf wurde noch bis in die 60er Jahre regelmäßig befördert, schließlich hat man die Ybbstalbahn seinerzeit gebaut, um die wirtschaftliche Abgeschiedenheit der Region zu überwinden. Die Strecke zwischen Lunz am See und Hollenstein wurde im Mai 1898 als zweites Teilstück eingeweiht. Die Höchstgeschwindigkeit damals betrug 29 Stundenkilometer – der Lokführer der Eröffnungsfahrt trug bezeichnenderweise den Namen Schneck. Zwei Jahre vorher, im Sommer 1896, wurde das erste Teilstück der Ybbstalbahn zwischen Hollenstein und Waidhofen eingeweiht. Nur 13 Monate benötigten die Arbeiter für die knapp 26 Kilometer lange Trasse, für damalige Verhältnisse eine reife Leistung. Die Schmalspurbahn führt durch die »Eisenwurzen«. Seit dem Mittelalter ist dieses Gebiet im Südwesten Niederösterreichs geprägt durch die Nähe des steirischen Erzberges. Dort wurde Eisenerz gewonnen und über ein verzweigtes System von Transportwegen, den Eisenstraßen, in nördlicher Richtung zur Donau gebracht. Stahlrösser gab es damals freilich noch nicht, aber die Erzverhüttung bestimmte Jahrhunderte lang das Wohl des Ybbstals.

Nur 13 Monate benötigten die Arbeiter für die knapp 26 Kilometer lange Trasse.

Waldreichtum und Wasserkraft

Der Waldreichtum und die Wasserkraft waren die idealen Voraussetzungen für eine frühe Entwicklung der Erzverhüttung und Weiterverarbeitung zu allerlei Werkzeugen, Waffen und Gebrauchsgegenständen. Im ganzen Ybbstal siedelten sich kleine Betriebe an. Mit Beginn des 17. Jahrhunderts und durch die Einführung des Wasserhammers nahm die Sichelindustrie einen großen Aufschwung. Bis dahin kannte man nur das reine Faustschmieden, nun wurde das Schmiedehandwerk durch die Wasserkraft erleichtert. Ende des 19. Jahrhunderts war es um die Eisenindustrie nicht mehr gut bestellt. Die Produktions-

Tender voraus dampft der Sonderzug in Richtung Waidhofen.

weise hatte sich geändert, Kohle wurde zur Eisengewinnung verwendet, und Länder wie Österreich mit geringem Kohlevorkommen gerieten ins Hintertreffen. Der Bau der Ybbstalbahn wurde gewissermaßen als Rettung und Konjunkturmotor betrachtet.

»Wenn die Ybbsthalbahn nicht in kürzester Zeit gebaut wird, können Sie überzeugt sein, dass das ganze Thal seinem Ruine entgegengeht und kein Bauer mehr dort sein wird«, so der Abgeordnete Gottfried Jax im Jahre 1891. Das Flehen wurde erhört, die Bahn kam, erst als Transportmittel, später als Touristenattraktion.

Der Grad zwischen betriebswirtschaftlicher Kostenrechnung und dem touristischen Nutzen ist sicherlich schmal, aber die Bedeutung einer Bahn sieht man manchmal erst, wenn es schon zu spät ist. Deshalb ist es der Ybbstalbahn zu wünschen, dass sie auch in Zukunft durch das Mostviertel zuckelt.

Damit kommen wir zum Ende unserer Reise, das mit der Überfahrt über den 200 Meter langen Schwarzbach-Viadukt von Waidhofen eingeläutet wird. Wenig später hält der Zug am Kleinbahnhof Waidhofen. Auch wenn wir die Reise sozusagen verkehrt herum zurückgelegt haben, denn der Bau wurde in Waidhofen begonnen und die Zählung der Streckenkilometer beginnt hier: Die Reise mit der Ybbstalbahn hat sich gelohnt.

Die Mount Washington Cog Railway: die älteste Zahnradbahn der Welt

Ein früher Junimorgen im US-Bundesstaat New Hampshire. Wie jeden Tag in den Sommermonaten trifft die Mannschaft der ältesten Zahnradbahn der Welt Vorbereitungen zu ihrer ersten Tagesfahrt. Ziel der Reise: der höchste Berggipfel im Nordosten der Vereinigten Staaten und Namensgeber der Bahn, der Mount Washington.

90 Minuten braucht die Cog Railway für den fünf Kilometer langen Aufstieg. Dabei überwindet die Zahnradbahn einen Höhenunterschied von fast 1 200 Metern mit einem Steigungsdurchschnitt von 250 Promille. Marshfield Station, die Basis-Station der Bahn, liegt auf einer Höhe von 800 Meter dem Gipfel zu

Füßen. Wer hier heraufkommt, kann nicht nur die grandiose Bergkette der Appalachen bewundern, sondern sich dazu noch hautnah mit der Dampftechnik vertraut machen: Eine kleine Ausstellung erinnert an die Anfangszeiten der bis heute ausschließlich mit Dampf betriebenen Mount Washington Cog Railway.

Steil geht es bergauf: Auf fünf Kilometer werden 1200 Höhenmeter überwunden.

Ein Wanderer gründet die Bahn

Seit weit über hundert Jahren ist die Marshfield Station ein beliebtes Ausflugsziel. Der historische Stil des neu errichteten Touristenzentrums stellt eine Hommage an die lange Geschichte der Zahnradbahn dar. Sie ist der Idee von Sylvester Marsh zu verdanken, eines Mannes, der Mitte des 19. Jahrhunderts hier oben in den Bergen wandern wollte. Dabei wäre er fast in einem Sturm umgekommen, also überlegte er sich einen leichteren Weg den Berg hinauf und hinunter, und da er ein reicher Mann war, ließ er mit dem Bau einer Bahn beginnen. Das war 1866; drei Jahre später ging die Bahn in Betrieb. Nur während der beiden Weltkriege war sie geschlossen, ansonsten erklomm sie den Berg in jeder Saison.

Als erste Lok der spektakulären Zahnradbahn arbeitete hier die Lok »Peppersass«. Sie wurde so genannt wegen ihrer Ähnlichkeit mit einer Pfeffersaucen-Flasche. »Peppersass« war eigentlich nur als billiges Versuchsmodell gedacht gewesen, doch dann half sie beim Bau der Trasse mit und beförderte später sogar Passagiere nach oben – bis 1929. Die sieben Loks, die heutzutage in Betrieb sind, stammen alle aus der Mitte des 20. Jahrhunderts, wobei sich die Technik nicht sehr verändert hat. Ab Mai klettern täglich drei bis vier Züge zum Gipfel, solange es das Wetter zulässt.

Die Trasse sieht immer noch so wie 1869 zur Eröffnung aus.

Über die Jakobsleiter auf den Gipfel

Schon die erste Etappe den Coldspring Hill hinauf verlangt von Lok und Besatzung erhöhten Einsatz. In dieser Achterbahn-Szenerie lässt der Lokführer das Bremsrad keine Sekunde aus der Hand, auch die Zigarette nicht: das eine für die Sicherheit, das andere für die Nerven. Beim Aufstieg verbraucht jede Lok eine Tonne Kohle und über 3 500 Liter Wasser. Letzteres muss schon bald an der Haltestelle Waumbek Tank nachgetankt werden, wo das erste Streckendrittel bereits hinter uns liegt. Danach gewinnt der Zug rasch an Höhe: Auf 1 200 Metern weht bereits ein rauerer Wind als in der Marshfield Station. Ein Blick zurück zeigt: Es liegt gar nicht weit so weg, aber ganz schön weit unten: 400 Meter Höhenunterschied trennen uns von der Ausgangs-

station. Etwas flacher geht es jetzt über die Baumgrenze hinweg zum steilsten Stück der Strecke, der »Jakobsleiter«. Die »Jacob's ladder« führt über eine siebeneinhalb Meter hohe Bockbrücke, Maximalsteigung 374 Promille. Damit ist die Mount Washington Cog Railway die zweitsteilste Bergbahn der Welt: Nur die Pilatus-Bahn in der Schweiz ist steiler.

Der »Skyline Switch«

Lok Nr. 6 wird »Kancamagus« genannt; wie die meisten Loks trägt sie einen indianischen Namen. Sie ist mit Baujahr 1942 die Dienstälteste hier und steigt ab dem »Skyline Switch« in das letzte Streckendrittel. Oft wartet im »Switch«, im Ausweichgleis also, ein Zug auf seinem Weg abwärts auf den bergfahrenden Zug. Es ist wie im Autoverkehr: Wer von unten kommt, hat immer Vorrang. Wenn der Mount Washington im Sommer Hochkonjunktur hat, machen es drei Ausweichstellen auf der Strecke möglich, dass alle sieben Loks gleichzeitig unterwegs sein können.

Und weiter geht's, Zahn um Zahn hakt sich das Rad in die Stange. Der Gipfel in Höhe von 1977 Metern ist in Sicht, und langsam zeigt der Mount Washington den Fahrgästen sein wahres Gesicht: Auf ihm kann das schlechteste Wetter der Welt zuhause sein.

Böse Geister, schlechtes Wetter

Zu Fuß unterwegs ist man hier besser nur mit Führer, denn der Berg hat seine Tücken: Hier kann plötzlich dichter Nebel aufziehen und die Temperaturen binnen Minuten um 30 Grad Celsius fallen. Der Mount Washington liebt die Extreme, und wohl dem, der sich hier auskennt und eine warme Jacke im Gepäck hat. Für die indianischen Ureinwohner war der Berg immer ein Mysterium. Er galt als Sitz der bösen Geister und wurde gefürchtet, doch den weißen Mann hat die Steinwüste der Gipfelregion immer fasziniert, und so trotzt die Cog Railway den Widrigkeiten des Wetters in stetem Auf und Ab.

Der Zug hat den Gipfel erreicht, das Aussteigen könnte spannend werden, vielleicht schneit es sogar. Zwanzig Minuten sind für den Aufenthalt auf fast 2000 Metern vorgesehen. Wenn das Wetter mitmacht, kann man über die Bergkette der Presidential Range bis nach Kanada hinübersehen. Wenn die Sicht zu wünschen übrig lässt, sollte man einen Blick in die Klima- und Wetterstation im Gipfelgebäude werfen. Im Winter wurden hier schon 40 Grad Celsius unter Null und Windgeschwindigkeiten von 370 Stundenkilometern registriert – Werte, die außerhalb eines Tornados nirgendwo sonst auf der Erde erreicht werden. Natürlich sind solche Werte eine Seltenheit,

allerdings kann der Wind den Bahnverkehr durchaus beeinträchtigen; wenn er zu stark bläst, bleibt die Auffahrt zum Gipfel für die Cog Railway geschlossen.

Ständig müssen die 5 km Gleise gewartet werden, denn durch die Zahnradtechnik sind sie extremen Belastungen ausgesetzt.

Gute Bremser sind gefragt

Bremser bei der zweitsteilsten Bahn der Welt zu sein ist ein harter Job, vor allem bergabwärts. Er muss gegen extremes Gefälle und nasse Schienen kämpfen, und das alles mit Fahrgästen im Rücken, die vertrauensvoll auf seine Künste bauen. 200mal muss er die Tour begleiten, bevor er selbst Hand anlegen und sich »Brakeman« nennen darf. Außerdem muss der Bremser die Tickets abreißen und ist im Waggon für das Wohl der Passagiere verantwortlich. Er hält über Funk ständig Kontakt zur Basisstation und stellt auch die Weichen.

Doch sein eigentlicher Job beginnt bei der Talfahrt, wenn er den Waggon abbremst, der ein von der Lok unabhängiges Bremssystem besitzt. Bei den drei Steilhängen ist es enorm wichtig, mit nicht zu viel Gewicht auf die Lok zu drücken. Sie wiegt allein schon 20 Tonnen und nutzt den Dampfdruck als Bremse für sich. Mit dem Gewicht eines schweren Waggons würde sie zwangsläufig wieder schneller werden. Und genau da kommt der »Brakeman« ins Spiel. Er muss das Bremsen richtig dosieren, um nicht versehentlich auf die Lok aufzufahren, denn dann könnte das Zahnrad aus der Schiene herausspringen.

Instandhaltung das ganze Jahr über

Der Weg von der Marshfield Station in die nächste Stadt ist weit, neue Ersatzteile sind teuer, häufig auch rar. Deshalb werden in den eigenen Werkstätten vorhandene Materialien bearbeitet und in funktionstüchtige Fahrzeuge eingesetzt oder neue Teile sogar selbst hergestellt. Zu reparieren gibt es an den Loks immer etwas.

Besonders großen Verschleiß haben die Bestandteile des Triebwerks und die Führungsstange. Außerdem gibt es die Teile, die immer nachjustiert werden müssen, die nach jeder Fahrt verschoben oder verbogen sind. Während der Winterzeit arbeiten etwa zehn Personen in den Werkstätten, in denen auch die Waggons neu aufgebaut oder restauriert werden.

Zuggarnitur an der Marshfieldstation, dem Ausgangspunkt der Reise.

Auch an der Strecke wird fleißig gearbeitet. Ständig müssen die fünf Kilometer Gleise gewartet werden, denn durch die Zahnradtechnik sind sie extremen Belastungen ausgesetzt. Vor allem der Unterbau wird schwer beansprucht, denn die Schienen sind auf Holzböcken montiert, die im hiesigen Klima relativ schnell verrotten. Jährlich werden so zwischen April und Juni bis zu zehn Abschnitte erneuert. Für Männer bietet die Cog Railway eine der wenigen Arbeitsmöglichkeiten in dieser Gegend.

Hotelglanz vergangener Epochen

Unten im Tal steht ein einsames weißes Gebäude. Es ist ein luxuriöses Hotel, das denselben Namen trägt wie die nahe gelegene Bahn. Gäste aus aller Welt steigen hier ab, um sich in der einmaligen Landschaft und dem gepflegten Ambiente des »Mount Washington Resort« zu erholen. Um 1900 gab es in den White Mountains, wie die Gegend ringsum genannt wird, viele solcher Grand Hotels. Hier verbrachten die Reichen und Berühmten den ganzen Sommer, um zu wandern, Golf zu spielen und die frische Bergluft zu genießen.

Von diesen luxuriösen Hotels hat nur das »Mount Washington« überlebt. Wie ein Ozeandampfer liegt es in einem Meer von grünen Bäumen inmitten der Berge. Wer hier zu Gast ist, fühlt sich in eine extravagante, vergangene Welt versetzt. Gebaut wurde es 1902 – für Amerikaner eine geradezu historische Jahreszahl.

Das wichtigste Datum in der Geschichte des Hotels war der Juli 1944, als Vertreter aus 44 Ländern hierher kamen, um die Weltbank zu gründen, den Internationalen Währungsfonds, und den Goldkurs festzusetzen: damals 35 Dollar pro Unze. An dieses Ereignis erinnert der so genannte Goldene Saal, wo die Unterschriften der Staatsvertreter geleistet wurden.

Lebendig gebliebene Bahngeschichte

Nicht immer war der Cog Railway in ihrer langen Geschichte so großer Erfolg beschieden. Immer wieder gab es Bestrebungen, die Bahn einzustellen, weil die Unterhaltungskosten die Einnahmen beträchtlich übertroffen haben, doch genauso oft fand sich zum Glück eine Lösung, die es ermöglichte, sie weiterhin klettern zu lassen.

Seit einigen Jahren befinden sich Bahn und Hotel in einer Hand, und man scheint zu wissen, was man an diesen beiden historischen Kleinodien hat. Das Prädikat »älteste Zahnradbahn der Welt« ist eine Auszeichnung, auf die man wahrlich stolz sein kann. Außerdem sehen Bahn und Strecke wirklich so alt aus, wie sie sind. Es ist im wahrsten Sinne lebendig gebliebene Bahngeschichte, die um jeden Preis erhalten werden sollte.

73 000 Fahrgäste brachten die letzten Jahre im Schnitt, die Tendenz ist steigend. Was bei einer Cog Railway eigentlich selbstverständlich sein sollte – schließlich geht es immer nach oben, und das, wie wir wissen, sogar ziemlich steil.

Die Semmeringbahn:
Weltkulturerbe unter Dampf

Mit der Semmeringbahn wurde 1854 die erste Bahnverbindung über die Alpen geschaffen. Es kam einem Wunder gleich, als man plötzlich durch Tunnel und über Brücken einen sicheren Weg nehmen konnte, der zuvor mit der Kutsche lebensgefährlich gewesen war. Noch heute fasziniert die Streckenführung Eisenbahnfans aus aller Welt.

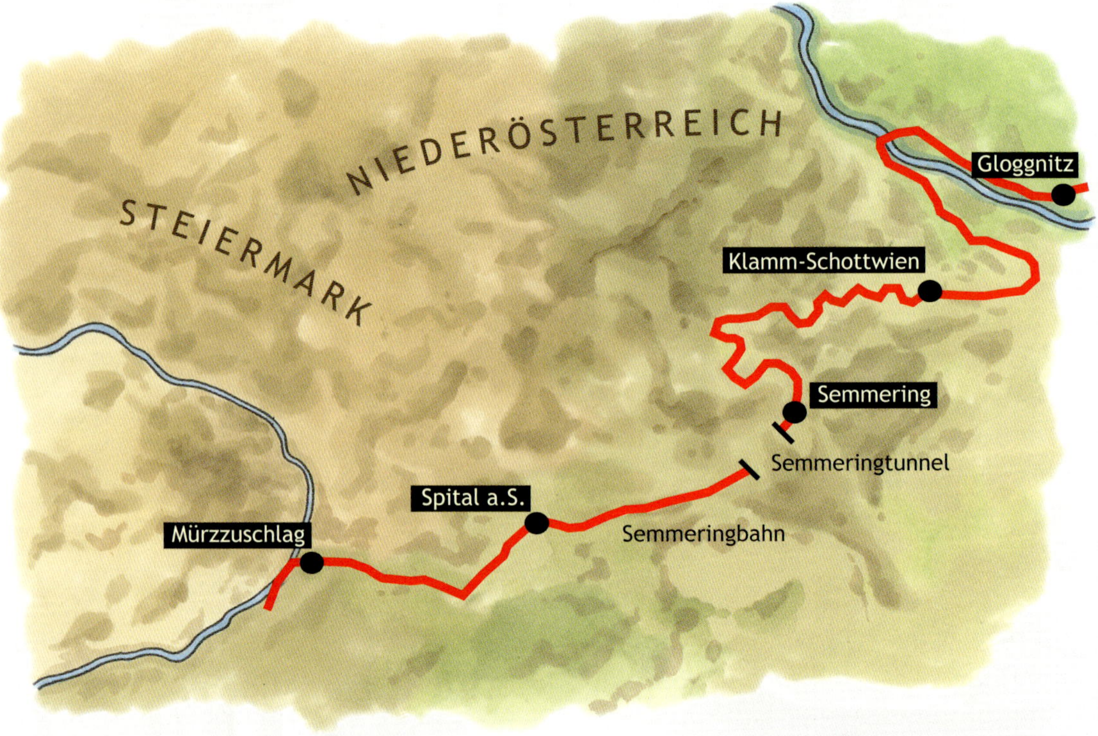

Ein Besuch der Semmeringbahn lohnt sich. Der Genuss verdoppelt sich sogar, wenn man die Strecke zuerst auf dem Bahnwanderweg abläuft. Das dauert zwar eine Weile, ist aber lohnenswert. Anschließend setzt man sich in den Zug und genießt die Reise am besten am geöffneten Fenster.

Die Gebirgsquerung, die für uns heute eine Selbstverständlichkeit ist, kam für damalige Verhältnisse einer Revolution gleich. Die Habsburger wollten ihre Macht ausdehnen und gleichzeitig die Industrialisierung vorantreiben, indem endlich ein politisch wichtiger Bahnanschluss zu den südlichen Provinzen und ein Zugang zur Hafenstadt Triest geschaffen werden sollte. Der handelswichtige Mittelmeerhafen war bis dahin mit der Bahn nicht zu erreichen, weil zwischen den Orten Gloggnitz und Mürzzuschlag ein entscheidendes Stück fehlte: die Strecke über den Semmering. Von Norden und Süden waren die Linien längst gebaut, doch das Gebirge schien ein unüberwindliches Hindernis für die Eisenbahn.

Ein für unmöglich gehaltenes Projekt

Fast zehn Jahre lang liefen die Planungen, ein junger Ingenieur namens Carl Ghega aus Venedig wurde zu Studienzwecken eigens nach Amerika geschickt. Als die rund 42 Kilometer lange Strecke trassiert wurde, hielten Kritiker das Projekt für unmöglich: Allenfalls mit einer Seilbahn ließe sich das Gebirge bezwingen. 16 große Viadukte und 15 Tunnels mussten gebaut werden. Kosten von rund zehn Millionen Gulden wurden veranschlagt, damals eine astronomische Summe, die zuletzt noch doppelt so hoch ausfallen sollte. Lange wurde deswegen mit dem Bau gezögert, bis er unter dem Eindruck der Revolution 1848 und zur Linderung der Arbeitslosigkeit genehmigt wurde.

Zahlreiche Steinbrücken begleiten die Strecke der Semmeringbahn.

Ritterschlag für den Bahnbau

Der Ingenieur Carl Ghega plante Gleisradien von nur 200 Metern und Steigungen von 25 Promille. Wahnsinn sei das, schallte es ihm selbst von erfahrenen Bahningenieuren entgegen. Außerdem war an eine Lok, die solch eine Strecke bewältigen konnte, überhaupt noch nicht zu denken.

Die schroffe Felsgegend war für die Bahnbauer furchteinflößend: Noch nie zuvor war durch so unzugängliches Gelände eine Bahn gebaut worden. Gewaltige Erdmassen mussten bewegt, Stützmauern gebaut, Brücken geschlagen werden – immer am Rande des Abgrundes. Zeitweise waren 20 000 Arbeiter beschäftigt, etwa 1 000 verloren während der Bauzeit ihr Leben – durch Unfälle sowie Typhus und Cholera.

Begegnung auf der Semmeringstrecke.

Als die Strecke die Scheitelhöhe am Semmeringpass erreicht hatte, waren die Kritiker verstummt. Zwar war der Betrieb auf der Strecke immer noch ein Abenteuer für sich, doch der Bahnpionier Ghega wurde zum Ritter geschlagen. Eröffnet wurde die Strecke für den Personenverkehr schließlich am 17. Juli 1854. Die Zeit des Pferdefuhrwerkes am Semmering war endgültig vorbei, die Eisenbahn hatte triumphalen Einzug gehalten, ihre Erbauer hatten den Fels bezwungen.

Die Trasse schmiegt sich eng an die Felswände, durchbricht und überquert sie, als wären sie stets Teil der Landschaft gewesen. Diese Anpassung an die Landschaft war auch entscheidend dafür, dass die Semmeringbahn von der Unesco 1998 zum Weltkulturerbe bestimmt wurde.

Auf 25 Kilometern überwindet die Trasse 457 Meter Höhenunterschied. Das bekannteste Bauwerk, der Kalte-Rinne-Viadukt, wird kurz vor dem Scheitelpunkt des Passes erreicht. Er liegt auf 898 Metern Seehöhe im Semmeringtunnel.

Kohlschwarze Wesen auf eiserner Straße

Die Fahrt über den Semmering wird von Anfang an als ein unerhörtes Erlebnis empfunden. So schrieb der österreichische Schriftsteller Peter Rosegger: »... es donnert was! Es ist ein Erdbeben. [...] Auf der eisernen Straße heran kam ein kohlschwarzes Wesen. Es schien anfangs stillzustehen, wurde aber immer größer und nahte mit mächtigem Schnauben und Pfustern und stieß aus dem Rachen gewaltigen Dampf aus.«

Als die rund 42 Kilometer lange Alpenquerung trassiert wurde, hielten Kritiker den Bau für unmöglich.

Die Blicke ins Tal sind für den Fahrgast das wohl faszinierendste Erlebnis bei einer Fahrt über den Alpenpass. Auch für den Lokführer ist diese Strecke nicht wie jede andere: Nirgendwo gibt es soviel Abwechslung mit herrlichen Ausblicken, den Tunnels und Viadukten. Die Semmeringstrecke hat die Auszeichnung »Weltkulturerbe« wahrlich verdient.

Wenn bei Sonderfahrten zwei Züge nebeneinander den Semmering erklimmen, gezogen von jeweils einem Dampfross, dann hüpft das Herz des Bahnfans vor Begeisterung. Bei der *Eisenbahn-Romantik*-Sonderfahrt anlässlich des 150. Ge-

burtstages der Strecke auf den Semmering waren insgesamt sogar vier Dampflokomotiven im Einsatz.

Zeitweise waren 20 000 Arbeiter beschäftigt, etwa 1 000 verloren während der Bauzeit ihr Leben.

Eine aufregende Parallelfahrt

Wenn man an der Strecke steht und der Zug vorbeidonnert, ist dieses Ereignis ruckzuck vorüber. Ganz anders sieht die Begegnung bei einer Parallelfahrt aus. Auf der zweigleisigen Strecke fahren zwei Züge in dieselbe Richtung. Zug eins startet etwas früher, Zug zwei kämpft sich allmählich heran und überholt. Da die Geschwindigkeiten beider Züge annähernd gleich sind, geschieht die Vorbeifahrt scheinbar im Schleichtempo, in Wirklichkeit aber in voller Fahrt. Die Nähe der beiden Züge zueinander treibt selbst eingefleischten Bahnfans den Blutdruck in ungeahnte Höhen, wenn der Zug auf dem Nachbargleis zum Überholen ansetzt und die Dampflok immer näher kommt.

Wenn der Überholvorgang beendet ist, dauert es nicht lange, und die Rollen werden getauscht. Jetzt wird aus dem Gejagten der Jäger, der sich Meter um Meter

Hingucker auf der Semmeringbahn: Die Lok 50.1171 von der Gesellschaft Brenner & Brenner.

an seinen Konkurrenten herankämpft. Die Räder drehen sich in einer atemberaubenden Geschwindigkeit, rollen mit jeder Umdrehung fünf Meter weiter und legen 30 Meter in der Sekunde zurück. Das Gestänge treibt die Lok unaufhörlich voran, dass einem vom Hin und Her und Auf und Ab der Kuppelstangen fast schwindlig wird. Für ein paar Augenblicke scheint die schwer arbeitende Lok auf gleicher Höhe mit unseren Zug zu stehen, doch wir sind etwas schneller, der Zug auf dem anderen Gleis fällt zurück – Parallelfahrten haben eine unbeschreibliche Atmosphäre.

Dampffahrten über den Semmering sind heute die Ausnahmen, Parallelfahrten seltene Höhepunkte. Aber auch der planmäßige Personenverkehr vermittelt einen beeindruckenden Blick in die Frühzeit der Bahngeschichte. Zum Gedenken an den Pionier der Strecke steht am Bahnhof Semmering ein Denkmal des Carl Ritter von Ghega, dessen Baukunst wir die erste Strecke über die Alpen zu verdanken haben.

Das Denkmal zu Ehren von Carl Ritter von Gheda – ohne ihn wäre die Semmeringstrecke wohl nicht entstanden.

Die 99 633: Titellok von Eisenbahn-Romantik

Eigentlich ist sie eine unscheinbare Lok, die 99 633, aber nur für den, der sie nicht kennt. Denn dieses Dampfross hält einen – inoffiziellen – Weltrekord: Sie ist die am häufigsten im Fernsehen aufgetretene Lokomotive der Welt.-

Die kleine Lok, ein 1899 in der Maschinenfabrik Esslingen gebautes Schmuckstück, ist schon lange nicht mehr betriebsfähig. Sie steht im Lokschuppen in Ochsenhausen in Oberschwaben, Eigentümerin ist die DGEG, die Deutsche Gesellschaft für Eisenbahngeschichte.

Die Filmaufnahmen der 99 633 entstanden im Frühjahr 1989, kurz vor dem 90. Geburtstag des »Öchsle«, der Museumseisenbahn zwischen Ochsenhausen und Warthausen. Sieht man das kleine Dampfross durch die Wiese schaukeln – das Gleis ist nicht zu sehen – fühlt man sich in die gute alte Zeit der Idylle einer kleinen württembergischen Nebenbahn versetzt. Seit den Anfängen der Sendereihe *Eisenbahn-Romantik* bildet der Auftritt der kleinen Lokomotive, unterlegt mit den einschmeichelnden Klängen von »Sentimental Journey«, den Auftakt zu jeder Sendung. Zählt man alle Ausstrahlungen in allen dritten Programmen, 3sat, Phoenix und ARD digital zusammen, kommt man sicherlich auf über 3000 Fernsehauftritte der vierachsigen 99 633.

Ein altgedientes Dampfross

Insgesamt neun Lokomotiven dieser Gattung wurden zwischen 1899 und 1913 gebaut. Sie erhielten die Klassenbezeichnung Tssd: T steht für Tenderlokomotive, ss für die Spurweite von 750 Millimetern und d für doppelt, gemeint ist das Doppeltriebwerk. Unsere 99 633 war während ihrer aktiven Zeit zwischen Ochsenhausen und Biberach und auf der Federseebahn zwischen Schussenried und Riedlingen im Einsatz. 1899 begann ihre Arbeitszeit, am 19. März 1969 erfolgte die Ausmusterung. Ein Jahr später wurde sie von der Deutschen Gesellschaft für Eisenbahngeschichte erworben und war ab 1982 als Museumslok zwischen Möckmühl und Dörzbach unterwegs, später zwischen Ochsenhausen und Warthausen in Oberschwaben. Anfang der 90er Jahre wurde sie abgestellt und träumt seither von ihren goldenen Zeiten. Eisenbahn-Romantik hält die Erinnerung an das schwäbische »Dampfrössle« wach, denn man kann sich keinen besseren Vorspann für eine Eisenbahnsendung vorstellen. Und so wird die kleine Tenderlok, auch wenn sie selbst schon lange stillsteht, noch viele Jahre über den Bildschirm zuckeln und die Zuschauer auffordern, sich eine halbe Stunde Zeit zu nehmen für Filme aus der faszinierenden Welt der Eisenbahn.

Seit den Anfängen der Sendereihe Eisenbahn-Romantik bildet der Auftritt der kleinen Lokomotive den Auftakt.

Literaturhinweise

Seite 141:
»Liebeserklärung an die Ybbstalbahn«, 3. Strophe, Elisabeth Kraus-Kassegg

Seite 155:
Literaturverweis am Ende des Buches: Rosegger, Peter: »Als ich das erstemal auf dem Dampfwagen saß«. In: »Waldheimat. Erinnerungen aus der Jugendzeit«, Bd. 1: Kindesjahre, Leipzig 1905, S. 229

Fotonachweis

Seite 8	SWR
Seite 11, 49, 50, 81-85	Ione Scheuble
61–65	Oberweißbacher Bergbahn (Guenther Kretschmann)
67–71, 127, 129	Jan v. Ortloff
73–78	Alexander Schweitzer
109	Rhätische Bahn
121–124	Günther Genselein
157	Wolfgang Schumacher
Alle anderen Fotos:	Hagen v. Ortloff

Register